StR AT

JN425172

9783867529273

🔎 Beispiel   ⟳ Definition   ⚠ Hinweis/Beachte   ♡ Merke   ⚡ Streit   ⛁ Struktur/Prüfungsaufbau

Inhaltsverzeichnis (2)

 Beispiel  Definition   Hinweis/Beachte   Merke Streit Struktur/Prüfungsaufbau

Gesetzlichkeitsprinzip – nullum crimen sine lege, § 1*, Art. 103 II GG

Strenger Gesetzesvorbehalt ➲ Was strafbar ist und welche Rechtsfolge zu verhängen ist, kann nur durch formelles Gesetz festgelegt werden. ⚠ Aus diesem **Kodifizierungsgebot** folgt das **Verbot täterbelastenden Gewohnheitsrechts**.

Bestimmtheitsgebot ➲ Die Voraussetzungen der Strafbarkeit und ihre Rechtsfolgen müssen so genau umschrieben sein, dass man anhand der gesetzlichen Vorschrift voraussehen kann, ob ein Verhalten strafbar ist oder zumindest das Risiko einer Bestrafung besteht. ⚠ Verfassungswidrig sind deshalb nicht mehr auslegungsfähige **Generalklauseln** und **Blanketttatbestände**, die **nicht selbst die Voraussetzungen der Strafe** hinreichend deutlich umschreiben.

Rückwirkungsverbot ➲ Eine Handlung, die bei ihrer Begehung straffrei war, darf nicht rückwirkend für strafbar erklärt werden. Die Strafe und ihre Nebenfolgen sind dem Gesetz zu entnehmen, das zur Zeit der Tat galt, §§ 2 I, 8; Sonderregeln in § 2 II–IV. ⚠ Das gilt nicht für eine nachträgliche Änderung gefestigter Rspr. oder für Verfahrensvorschriften.

Gebot der Auslegungsstrenge ➲ Der mögliche Wortsinn des Strafgesetzes bildet die äußerste Grenze zulässiger Auslegung (dazu ⊟ 2, 3). ⚠ Daraus folgt ein strenges **Analogieverbot zulasten des Täters** im materiellen Strafrecht durch Ausdehnung eines täterbelastenden Merkmals oder Rechtssatzes über den Wortsinn hinaus (direkte Analogie) oder durch Einschränkung einer täterentlastenden Vorschrift entgegen ihrem eindeutigen Wortlaut (indirekte Analogie). Erlaubt sind Analogien zugunsten des Täters und Analogien im Verfahrensrecht.

Schuldprinzip – nulla poena sine culpa

Bestraft werden darf nur, wer für das von ihm begangene Unrecht verantwortlich ist, weil er sich nach seinen Fähigkeiten hätte rechtstreu verhalten können.

Alle §§ ohne Gesetzesangabe sind solche des StGB.

1. **Legaldefinitionen:** Schreibt der Gesetzgeber selbst vor, wie Merkmale auszulegen sind, sind die gesetzlichen Definitionen zuerst heranzuziehen.

   🔎 § 268 II für technische Aufzeichnungen.

2. **Grammatische Auslegung:** Wortlautauslegung nach dem natürlichen Wortsinn.

   🔎 „Vermögensverlust" großen Ausmaßes (§ 263 III 2 Nr. 2) nur bei tatsächlichem Verlust, nicht schon bei bloßer Gefährdung.

3. **Systematische Auslegung:** Ermittlung des Inhalts eines Begriffs anhand des Zusammenhangs mit anderen Begriffen derselben Rechtsnorm oder verwandter Rechtsnormen. Hieraus lässt sich oft ein Erst-Recht-Schluss gewinnen.

   🔎 Die Auslegung des Begriffs „ähnlicher, ebenso gefährlicher Eingriff" gem. § 315b I Nr. 3 orientiert sich an den Verhaltensweisen der konkreteren Nr. 1 und 2.

4. **Historische Auslegung:** Hierdurch erlangt der Wille des Gesetzgebers Bedeutung, insbesondere dokumentiert in den amtlichen Begründungen im Gesetzgebungsverfahren.

   🔎 Wille des Gesetzgebers bei der Schaffung des Computerbetrugs (§ 263a) war es, vermögensbezogene Manipulationen an oder mit Daten zu erfassen, die mangels Täuschung eines Menschen nicht unter § 263 fallen.

5. **Teleologische Auslegung:** Sinn und Zweck einer Vorschrift – die wichtigste Auslegungsmethode.

   🔎 Weil § 258 I die Durchsetzung des staatlichen Strafanspruchs sichert, greift die Norm nicht, wenn die Tat, die der Begünstigte begangen hat, bereits verjährt ist und folglich gar kein Strafanspruch mehr besteht.

6. **Verfassungskonforme Auslesung:** Die verfassungskonforme Auslegung stellt sicher, dass eine Norminterpretation nicht im Widerspruch zu Wertsetzungen des Grundgesetzes steht.

7. **Gemeinschaftskonforme Auslegung:** Strafvorschriften sind gemäß der europarechtlichen Vorgaben zu interpretieren.

1. Wortlaut

Der mögliche Wortsinn begrenzt jede Auslegung.

🔎 Deshalb sind innere Organe keine „wichtigen Glieder" i.S.v. § 226 I Nr. 2.

2. Verschleifungs- und Entgrenzungsverbot

Einzelne Tatbestandsmerkmale dürfen auch innerhalb des möglichen Wortsinns nicht so ausgelegt werden, dass sie vollständig in anderen Tatbestandsmerkmalen aufgehen.

🔎 Eine Pflichtverletzung i.S.d. § 266 I Alt. 2 ist nicht automatisch ein Gefährdungsschaden.

3. Gebot restriktiver Auslegung

Ist ein Verhalten nach dem Willen des Gesetzgebers nicht strafbar, wohl aber nach dem Gesetzeswortlaut, ist dieser einzuschränken.

a) Gebot der Präzisierung bei weitgefassten Tatbeständen

🔎 Einschränkung der Tatobjekte des § 306 auf solche von bedeutendem Wert.

b) Erhöhter Vertrauensschutz bei Änderung gefestigter Rspr.

🔎 Daher trotz Inflation keine Erhöhung der Untergrenze von 750 € für eine Sache von bedeutendem Wert i.S.d. §§ 315 ff.

Die Aufgabenstellung in der strafrechtlichen Klausur lautet: Wie hat sich der/die Beteiligte strafbar gemacht?

Strafbarkeit ist gegeben, ⊃ wenn alle materiell-rechtlichen und verfahrensrechtlichen Voraussetzungen erfüllt sind, um in einem Strafverfahren eine staatliche Strafe zu verhängen.

- Prüfungsgegenstände sind daher:

Delikts-voraussetzungen	Strafausschließungs- bzw. Strafauf-hebungsgründe	Verfolgungs-hindernisse	Strafzumessungs-gesichtspunkte	Konkurrenzen
Tatbestand | **Rechtswidrigkeit** | **Schuld**	Strafausschließungs-gründe (⌕ § 258 V, § 257 III 1) Strafaufhebungs-gründe sind insbes. der Rücktritt (§ 24) und die tätige Reue (⌕ § 139 IV, § 158).	Insbesondere: - Fehlender Strafantrag, §§ 77 ff. - Verjährung, §§ 78 ff. - Entgegenstehende Rechtskraft, Art. 103 III GG	Nur die benannten Strafzumessungsge-sichtspunkte sind zu prüfen (⌕ § 243 I 2, § 240 IV 2) ⚠ Keine Ausführun-gen zu unbenann-ten „besonders schweren Fällen" oder „minder schweren Fällen" (⌕ § 244 III)	Wenn verschiedene Strafvorschriften oder dieselbe Strafvorschrift mehrmals verletzt wer-den, ist festzustellen, welche im Schuld-spruch zu bennenen sind und ob sie tatein-heitlich (§ 52) oder tat-mehrheitlich (§ 53) zueinander stehen (⊟ 85 ff.).

- Prüfungsgegenstände sind nicht:

– Ordnungswidrigkeiten, die als Rechtsfolge keine Strafe vorsehen, sondern lediglich Geldbuße, vgl. § 1 OWiG

– Die konkrete Rechtsfolgenbestimmung (⌕ Strafmaß, Maßregeln, Nebenfolgen)

Die einzelnen Tatbestände des Besonderen Teils lassen sich in verschiedene Kategorien einteilen, die sich auch auf die Prüfungsfolge auswirken:

I. Vorsätzliches aktives Tun als Regelfall; Unterlassungsdelikte

- Aus **§ 15** folgt, dass die Tatbestände des BT **vorsätzlich** verwirklicht werden müssen, soweit dort nicht fahrlässiges Handeln ausdrücklich mit Strafe bedroht wird.
- Aus **§ 13** folgt, dass die Erfolgsdelikte des BT (s. ⏴ 6) auch durch **Unterlassen** verwirklicht werden können (sog. „unechte Unterlassungsdelikte"). Anders die sog. „echten Unterlassungsdelikte", bei denen der Tatbestand nur durch schlichtes Unterlassen verwirklicht wird (s. ⏴ 48).
- Damit ergeben sich folgende Kombinationsmöglichkeiten:

Vorwerfbarkeit	Aktives Tun	Unterlassen, § 13
Vorsatz	**Vorsätzliches Begehungsdelikt**	**Vorsätzliches Unterlassungsdelikt**
Fahrlässigkeit	**Fahrlässiges Begehungsdelikt**	**Fahrlässiges Unterlassungsdelikt**

II. Täterkreis

- **Allgemeindelikte** können nach der Tatbestandsfassung von jedermann begangen werden.
- **Sonderdelikte** können nur von demjenigen als Täter verwirklicht werden, der die Sondereigenschaft besitzt.
  - 🔎 Garantenstellung beim unechten Unterlassungsdelikt, Amtsträgereigenschaft bei Amtsdelikten
- Bei **eigenhändigen Delikten** kann nur derjenige Täter sein, der die Tathandlung selbst physisch vollzieht.
  - 🔎 Führen des Fahrzeugs bei §§ 315c, 316

III. Erfolgsdelikte

- Die meisten Tatbestände im BT verlangen, dass der Täter als **tatbestandlichen Erfolg** das jeweilige Rechtsgut schädigt. Ist der tatbestandliche Erfolg nicht eingetreten, kann (nur) die Vorsatztat unter den Voraussetzungen der §§ 22, 23 als Versuch strafbar sein.

  $\mathcal{P}$ § 242: Wegnahme; § 212: Tod eines anderen

  Der Verletzungserfolg liegt i.d.R. in der Herbeiführung eines bestimmten Zustands. Ein solches **Zustandsdelikt** ist mit dem Erfolgseintritt vollendet und – wichtig für den Verjährungsbeginn gem. § 78a – beendet.

  $\mathcal{P}$ Tod des Opfers bei § 212

  Liegt der Erfolg in einer rechtswidrigen Situation, die der Täter durch Fortsetzen der Tathandlung aufrechterhalten muss, so spricht man von einem **Dauerdelikt**. Dieses ist mit Schaffen des rechtswidrigen Zustands vollendet, aber erst mit dessen Aufhebung beendet.

  $\mathcal{P}$ § 123: Hausfriedensbruch; § 239: Freiheitsberaubung

- Erfolgsdelikte sind auch die sog. **konkreten Gefährdungsdelikte**. Hier verlangt der Tatbestand zwar nicht den Eintritt eines Rechtsgutschadens, jedoch muss es zu einer gefährlichen Situation für das geschützte Rechtsgut gekommen sein, bei der ein Schadenseintritt nur vom Zufall abhing.

  $\mathcal{P}$ § 315c setzt die konkrete Gefahr u.a. für Leib oder Leben eines anderen, also einen „Beinahe-Unfall", voraus.

- Bei **verhaltensneutralen Erfolgsdelikten** genügt jede beliebige Verursachung des Erfolges ($\mathcal{P}$ Totschlag, § 212): **Verhaltensgebundene Erfolgsdelikte** verlangen, dass der Erfolg auf eine bestimmte Art und Weise herbeigeführt wurde ($\mathcal{P}$ Nötigung, § 240, nur durch Gewalt oder Drohung).

IV. Tätigkeitsdelikte

Bei den sog. Tätigkeitsdelikten genügt für die Tatbestandsmäßigkeit allein die **Vornahme der tatbestandlich beschriebenen Handlung**.

🔎 § 153: Falschaussagen; § 316: Führen eines Fahrzeugs in fahruntüchtigem Zustand im Verkehr

⚠ Bei Tätigkeitsdelikten gibt es – weil es auf einen Erfolg nicht ankommt – keine Prüfung der „Kausalität/objektiven Zurechnung".

Da der Gesetzgeber schon die Tätigkeit als solche unter Strafe stellt, sind Tätigkeitsdelikte immer zugleich abstrakte Gefährdungsdelikte.

V. Vergehen und Verbrechen

Gem. **§ 12 I** sind Verbrechen rechtswidrige Taten, die im Mindestmaß mit Freiheitsstrafe von einem Jahr oder darüber bedroht sind (🔎 § 212, nicht § 266). Ist das Mindestmaß niedriger, liegt ein Vergehen vor, § 12 II.

Die Zweiteilung ist von Bedeutung im materiellen Recht (🔎 § 30: Strafbarkeit der versuchten Anstiftung, des Sichbereiterklärens zur Tatbegehung und der Verabredung zur mittäterschaftlichen Begehung; **§ 23:** Strafbarkeit des Versuchs) und im Verfahrensrecht (🔎 §§ 140 I Nr. 2, 153, 153a, 407 StPO).

💡 Der Versuch eines Verbrechens ist stets strafbar, der Versuch eines Vergehens nur dann, wenn das Gesetz es ausdrücklich bestimmt, § 23 I.

I. Der Aufbau des Tatbestandes

- Der Tatbestand typisiert ein bestimmtes menschliches Verhalten als strafbar, wobei objektive und subjektive Merkmale auseinander zu halten sind.

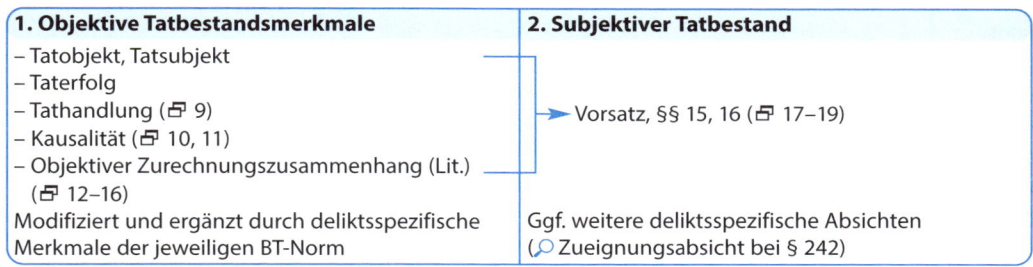

1. Objektive Tatbestandsmerkmale	2. Subjektiver Tatbestand
– Tatobjekt, Tatsubjekt – Taterfolg – Tathandlung (🖙 9) – Kausalität (🖙 10, 11) – Objektiver Zurechnungszusammenhang (Lit.) (🖙 12–16)	Vorsatz, §§ 15, 16 (🖙 17–19)
Modifiziert und ergänzt durch deliktsspezifische Merkmale der jeweiligen BT-Norm	Ggf. weitere deliktsspezifische Absichten (🔎 Zueignungsabsicht bei § 242)

- Auf objektive Strafbarkeitsbedingungen, die an Umstände anknüpfen, welche außerhalb des Tatbestandes die Strafwürdigkeit eines Verhaltens begründen, brauchen sich Vorsatz und Fahrlässigkeit nicht zu beziehen. Objektive Strafbarkeitsbedingungen werden als Annex erst nach Bejahung des Tatbestandes geprüft.

3. Objektive Bedingungen der Strafbarkeit = grds. schuldunabhängige Tatumstände	
Die wichtigsten:	
– § 113 III: Rechtmäßigkeit der Diensthandlung	– § 231: Schwere Folge durch eine Schlägerei
– § 186: Nichterweislichkeit der Wahrheit	– § 323a: Im Rausch begangene Tat

II. Handlung im strafrechtlichen Sinn

1. Die Handlung ist der tatsächliche Anknüpfungspunkt jeder Straftat **(§ 8)**. Sie ist zugleich das zeitliche Verbindungselement aller Deliktsvoraussetzungen, weil die Strafbarkeit grds. nur dann zu bejahen ist, wenn die Deliktselemente – bis auf den Erfolg – **im Zeitpunkt der Handlung** erfüllt waren **(Simultaneitätsprinzip)**.

   ⚠ Daher muss im strafrechtlichen Gutachten immer angegeben werden, auf welche Handlung sich die Strafbarkeitsprüfung des jeweiligen Delikts bezieht.

2. Mindesterfordernisse sind:

   ■ **Menschliches Verhalten**

   Nur natürliche, keine juristischen Personen (hier aber § 14 beachten), fehlt bei:

   – Naturereignissen (🔍 Blitzschlag)

   – Tierverhalten

   ⚠ Eine Handlung kann gleichwohl vorliegen, wenn z.B. ein Mensch ein Tier aufhetzt oder nicht richtig beaufsichtigt.

   ■ **Äußerliches Verhalten**

   Kann auch in einem Unterlassen liegen, vgl. § 13; fehlt bei rein inneren Vorgängen (Wünsche, Gedanken)

   ■ **Vom Willen beherrschtes Verhalten**

   Verlangt nur Willenssteuerung (auch bei erlernten Automatismen), keine Vorsätzlichkeit

   – Fehlt bei völliger Bewusstlosigkeit (str. bei Hypnose); bei unwiderstehlicher Gewalt (vis absoluta); bei Reflexbewegungen, nicht aber bei Affekt- und Kurzschlusshandlungen

   ⚠ Die Handlungsqualität ist erst bei der Tatbestandsmäßigkeit anzusprechen, und auch nur dann, wenn Zweifel daran bestehen.

III. Kausalität

Gehört zum Tatbestand der Eintritt eines bestimmten Erfolgs, ist die Kausalität Tatbestandsmerkmal. Kausalität ist der **naturgesetzliche Zusammenhang zwischen der Tathandlung und dem Erfolg**. Die Kausalität wird mithilfe der **conditio-sine-qua-non-Formel** ermittelt (a.A. Lehre von der gesetzmäßigen Bedingung).

> ⊃ **Kausal ist jede Handlung, die nicht hinweggedacht werden kann, ohne dass der konkrete Erfolg entfiele.**

1. Grundsätze

- **Reserveursachen** und hypothetische Abläufe dürfen – beim Begehungsdelikt – **nicht** anstelle der weggedachten Handlung **hinzugedacht** werden.

  - 🔍 A und B kommen gleichzeitig auf die Idee, C mit einem am Boden liegenden Stock zu verprügeln. A ergreift den Stock vor B und schlägt damit auf C ein. – Das Verhalten des A ist kausal für die Körperverletzung des C geworden. Dass dann, wenn A den Stock nicht ergriffen hätte, B damit zugeschlagen hätte, ist für die Wirklichkeit gewordene Kausalität des Handelns des A unbeachtlich.

  - ⚠ Wird dem Täter ein **Unterlassen** vorgeworfen, kann man keine „echte" Kausalität feststellen, weil man ein Nichtstun nicht hinwegdenken kann. Hier wird **„Quasi-Kausalität"** zwischen Untätigkeit und Erfolg durch Hinzudenken des gebotenen Handelns ermittelt (⊟ 50).

- Alle Bedingungen sind **gleichwertig** (daher ist die Conditio-sine-qua-non-Formel auch eine **Äquivalenztheorie**); auf die Zahl der Zwischenursachen kommt es nicht an. Selbst atypische oder „abenteuerliche" Abläufe begründen bei realem Ursache-Wirkung-Zusammenhang die Kausalität.

III. Kausalität (Fortsetzung)

- Bei der Ermittlung der Kausalität gibt es **kein Regressverbot**, d.h., die Ursächlichkeit wird nicht dadurch ausgeschlossen, dass nach der Tathandlung eine weitere Handlung des Täters, des Opfers oder eines Dritten an die vorgefundene Situation anknüpft und erst ihrerseits den Erfolg herbeiführt.

  🔎 Mit Tötungsvorsatz verletzt A den B schwer und verlässt den Tatort. C kommt hinzu und erkennt, was vorgefallen ist. Er tötet B, damit dieser die Tat nicht überlebt und A anzeigt. – Die Handlung des A ist kausal für den Tod des B geworden.

  ⚠ Hier kann aber der objektive Zurechnungszusammenhang entfallen (🗐 12–16).

2. Sonderfälle

- **Kumulative Kausalität:** Bei mehreren ineinandergreifenden Kausalfaktoren ist jeder für den Erfolg ursächlich.

  🔎 A und B schütten (unabhängig voneinander) Gift in das Getränk des C. Als Einzeldosen wären die Giftmengen nicht ausreichend. Die Gesamtdosis führt zum Tod. – Die Handlungen von A und B sind kausal für den Tod des C.

- **Alternative Kausalität:** Wirken mehrere Bedingungen zeitgleich und können sie zwar jeweils für sich, aber nicht zusammen hinweggedacht werden, ohne dass der Erfolg entfiele, so ist jede kausal.

  🔎 Die in dem vorgenannten Beispiel verabreichten Giftmengen sind so groß, dass schon jede für sich gesehen den Tod des C hätte herbeiführen können. – Die Handlungen von A und B sind ebenfalls kausal für den Tod des C.

  🔎 Beschließen Mitglieder eines Gremiums einstimmig eine rechtsgutverletzende Handlung, so ist jedes Mitglied kausal, auch wenn es bei Ablehnung/Enthaltung überstimmt worden wäre.

- **Überholende Kausalität:** Ein späteres Ereignis beseitigt die Fortwirkung einer früheren Ursachenkette und verursacht den Erfolg.

  🔎 Vor der Zündung einer Bombe erschießt ein anderer Attentäter das Opfer.

IV. Objektive Zurechnung

Damit nicht jede beliebige Verursachung tatbestandsmäßig ist, sondern nur eine solche, die **rechtsethisch zu missbilligen** ist und auch vom Zweck der Strafnorm erfasst wird, **muss die Weite der c.s.q.n.-Formel nach h.Lit.** bei allen Erfolgsdelikten auf Tb.-Ebene durch einen juristischen Wertungsakt **eingeschränkt werden**. In problematischen Fällen ist deshalb nach Bejahung der Kausalität weiterzufragen, ob der tatbestandliche Erfolg in objektivem Zurechnungszusammenhang zur Handlung steht.

> ⊃ **Objektiv zurechenbar** ist ein Erfolg, wenn die Handlung eine rechtlich missbilligte Gefahr geschaffen (= **rechtlich relevantes Risiko**) und sich diese in dem Erfolg in tatbestandskonformer Weise niedergeschlagen hat (= **Risikozusammenhang**).

Die **Rspr.** sieht in der objektiven Zurechnung kein allgemeingültiges Prinzip. Auch sie verlangt aber einen Risikozusammenhang bei den verhaltensgebundenen Erfolgsdelikten (☞ 6), ferner bei den fahrlässigen Erfolgsdelikten (☞ 46), den unechten Unterlassungsdelikten (☞ 48) und den Erfolgsqualifikationen (☞ 51).

🔎 Raubspezifischer Zusammenhang zwischen Nötigungsmittel und Wegnahme bei § 249; gefahrspezifischer Zusammenhang bei Erfolgsqualifikationen; Pflichtwidrigkeitszusammenhang bei den Fahrlässigkeitsdelikten

Als selbstständigen Tatbestandsausschluss erkennt die Rspr. darüber hinaus die eigenverantwortliche Selbstgefährdung an (☞ 15). Alle übrigen Fälle löst sie bisher nach den allg. Regeln: Teleologische Auslegung, vorsatzausschließende wesentliche Kausalabweichungen, Einwilligung und Notstand.

IV. Objektive Zurechnung (Fortsetzung)

Problematische Fälle nach der Lit.:

1. Fallgruppen, bei denen schon **kein rechtlich relevantes** Risiko vorliegen soll

- Schadensverlauf **außerhalb des menschlichen Beherrschungsvermögens**

  🔎 Blitzschlag und andere Naturereignisse

- **Sozialadäquates Verhalten**, d.h., das Verhalten erfüllt zwar die Merkmale eines Straftatbestandes, liegt aber noch innerhalb eines von der Rechtsordnung tolerierten Risikos

  🔎 Infizierung anderer mit Erkältungskrankheit, nicht aber mit schweren Erkankungen wie Corona.

- **Risikoverringerung**, d.h. ein drohender Erfolg wird abgeschwächt oder verzögert ohne neue Gefahrschaffung

  🔎 Der gefährliche Schlag des Angreifers wird von einem Retter auf eine weniger gefährliche Stelle des Opfers abgelenkt.

2. Fallgruppen, bei denen der **Risikozusammenhang** zweifelhaft ist

   a) **Atypische Schadensfolgen**, „abenteuerliche" Abläufe außerhalb aller Lebenserfahrung, sog. **Inadäquanz**

   🔎 Das angeschossene Opfer eines Mordanschlags wird von einem herabstürzenden Trümmerteil eines Satelliten erschlagen. – Keine objektive Zurechnung des Erfolgs

   b) Erfolge **außerhalb des Schutzzwecks der Norm**

   🔎 Spätschäden oder Schockschäden Dritter

   c) **Risikoabbruch**, weil der Erfolg auf allgemeinem Lebensrisiko oder rechtlich nicht missbilligtem Verhalten Dritter beruht.

   🔎 Das Opfer eines Mordversuchs stirbt im Krankenhaus, weil das Gebäude abbrennt.

IV. Objektive Zurechnung (Fortsetzung)

d) Der Erfolg wird durch eine an die Ersthandlung des Täters anknüpfende weitere Handlung eines Dritten, des Opfers oder des Täter herbeigeführt (**„Dazwischentreten"**).

Sofern hier nicht schon ein Zurechnungsausschluss wegen Inadäquanz anzunehmen ist, kann die Zurechnung des Erfolgs zur Tathandlung wegen des **neuen Risikos** durch die anknüpfende Handlung ausgeschlossen sein.

aa) Anknüpfungshandlung eines **deliktisch handelnden Dritten**, der dadurch das Opfer schädigt

Bei Vorsatztaten zuerst prüfen, ob die Handlung dem Erstverursacher nach den **§§ 25 ff.** zurechenbar ist. Ist der Erstverursacher als Mittäter, unmittelbarer Täter oder Teilnehmer auch für die Zweithandlung verantwortlich, so ist i.d.R. die Zurechnung des Erfolgs zu bejahen.

Ist die Zurechnung der Fremdhandlung nach den §§ 25 ff. nicht möglich oder liegt für den Erstverursacher nur eine Fahrlässigkeitstat vor, so ist die objektive Zurechnung des Erfolgs ausgeschlossen, wenn die Zweithandlung einen **eigenständigen, völlig neuen Steuerungsprozess** geschaffen hat.

🔍 Der Fahrzeugführer lässt unbeabsichtigt den Zündschlüssel stecken, als er einen Brief in einen Postkasten einwirft. X entwendet das Fahrzeug und benutzt es als Mordwaffe.

⚠️ Aber: **Kein Zurechnungsausschluss**, wenn das Verhalten des Dritten spezifisch mit der vom Täter geschaffenen Ausgangsgefahr verknüpft ist oder wenn der Ersthandelnde Sicherheitsvorschriften verletzt hat, die gerade dem Schutz vor deliktischem Handeln Dritter dienen.

🔍 Der Jäger hängt seine geladene Waffe an die frei zugängliche Garderobe der Gaststätte. Der Gast G ergreift diese im Streit und erschießt damit den Wirt. Der Jäger ist strafbar wegen fahrlässiger Tötung, § 222. § 36 WaffenG (Aufbewahrung von Waffen und Munition) soll gerade verhindern, dass unbefugte Dritte sich in den Besitz der Schusswaffe bringen und damit Missbrauch treiben.

IV. Objektive Zurechnung (Fortsetzung)

bb) Anknüpfungshandlung eines **Retters**, der dadurch das Opfer schädigt

Leicht fahrlässige Fehler des Retters lassen den Zurechnungszusammenhang zur Ersthandlung des Täters unberührt, weil der Retter eine rechtlich erwünschte Funktion erfüllt, indem er das vom Täter geschaffene Risiko abzuwenden versucht. Der Retter handelt deshalb für den Täter, sodass dieser auch die Folgen von Fehlern des Retters zu tragen hat.

🔍 Nach einer Brandstiftung kommt ein Bewohner durch fahrlässig fehlerhafte Löscharbeiten zu Tode.

⚠️ Die Zurechnung endet aber bei grob fahrlässigen Fehlern des Retters.

cc) Anknüpfungshandlung des **Opfers**, das sich dadurch selbst schädigt

Liegt eine sog. **eigenverantwortliche Selbstgefährdung** vor, so steht die bloße Verursachung oder Veranlassung dazu nicht mehr im Zurechnungszusammenhang mit dem Erfolg. Hier erkennt auch die Rspr. einen Tatbestandsausschluss an, weil die Fremdtötungs-, -verletzungs- und -gefährdungsdelikte nicht vor einer Selbsttötung, Selbstverletzung und Selbstgefährdung schützen.

In Abgrenzung zur Fremdgefährdung liegt eine **Selbstgefährdung** vor, wenn das Opfer die Handlungsherrschaft über den unmittelbar zum Erfolg führenden Akt besitzt. **Eigenverantwortlich** ist die Selbstgefährdung, wenn das Opfer entweder in analoger Anwendung der Vorsatz- und Schuldregeln oder in entsprechender Anwendung der Einwilligungsregeln willensmangelfrei die Entscheidung getroffen hat, sich in die Gefahr zu bringen, auch wenn es den Erfolg nicht wollte.

🔍 Keine fahrlässige Körperverletzung des Hundehalters, wenn ein Einbrecher trotz Warnung vor dem Hund ein eingezäuntes Grundstück betritt und vom Wachhund gebissen wird.

IV. Objektive Zurechnung (Fortsetzung)

⚠ Aber nach h.M. kein Strafbarkeitsausschluss für den Erstverursacher bei Selbstgefährdung von handlungspflichtigen oder freiwilligen **Rettern**, weil auch diese für den Täter das von ihm geschaffene Risiko beseitigen wollen. Zurechnungsausschluss dennoch auch bei Eigenschäden von Rettern, wenn es sich um eine **offensichtlich unvernünftige Rettungsmaßnahme** handelt.

Umstritten ist die Beurteilung, wenn der Täter und das Opfer das rechtsgutverletzende Geschehen **gemeinsam beherrschen**.

Das Schrifttum und ein Teil der Rspr. verneinen in solchen Fällen **einverständlicher Fremdgefährdung** die objektive Zurechnung, wenn der Täter das gefährdende Geschehen genauso beherrscht wie das Opfer und die Fremdgefährdung unter allen Aspekten einer Selbstgefährdung gleichsteht. Der BGH lässt in den Grenzen der §§ 216, 228 nur die Rechtswidrigkeit wegen Einwilligung in die Fremdgefährdung und -verletzung entfallen.

🔎 Einverständlicher, ungeschützter Sexualverkehr in Kenntnis der AIDS-Erkrankung eines Sexualpartners mit der Folge der Infektion des anderen.

dd) Anknüpfungshandlung des **Täters selbst**, soweit das neue Risiko das Risiko der Ersthandlung vollständig verdrängt.

🔎 Der Täter versucht, das Opfer umzubringen. Dann tritt er aus Mitleid von der Tat zurück. Als alle Rettungshandlungen versagen, bittet ihn das Opfer, den weiteren Schmerzen ein Ende zu bereiten. Aus Mitleid kommt der Täter dem Wunsch nach. Die Mitleidstötung beruhte auf einem neuen Entschluss und erfolgte aus einer völlig anderen Motivation. Damit fehlt der Zurechnungszusammenhang zur Ersthandlung, sodass vollendeter Mord gem. § 211 ausscheidet. Bejaht man Rücktritt vom verbleibenden Versuch gem. § 24 I 1 Alt. 2, so bleibt gefährliche Körperverletzung gem. § 224 in Tatmehrheit mit Tötung auf Verlangen, § 216.

V. Vorsatz

1. Der Begriff des Vorsatzes ist gesetzlich nicht definiert. Aus einer Zusammenschau der §§ 8, 16, 17, 22 lässt sich folgende Formel ableiten:

> ➲ **Vorsätzlich handelt, wer im Zeitpunkt des Versuchsbeginns zumindest billigend in Kauf nimmt, dass durch sein Verhalten alle Umstände des Straftatbestandes verwirklicht werden.**

2. Der **objektive Tatbestand** mit seinen geschriebenen und ungeschriebenen Merkmalen bildet den Bezugsrahmen des Vorsatzes.

   🔎 Fehlvorstellungen außerhalb der durch den objektiven Tatbestand gezogenen Grenzen sind als Motivirrtümer für den Vorsatz unbeachtlich.

3. Zum Vorsatzinhalt gehören nur die **Umstände**, die das jeweilige Tatbestandsmerkmal ausfüllen. Den Tatbestand und seine Merkmale braucht der Täter nicht zu kennen! Auch Unrechtsbewusstsein ist für den Vorsatz nicht erforderlich (Arg. aus § 17). Im Einzelnen:

   – Der Täter muss immer die **Tatsachen** kennen, die objektiv das Merkmal erfüllen.

   – Bedarf es zur Feststellung des Merkmals einer juristischen Wertung (sog. **normatives Tatbestandsmerkmal**), muss der Täter in vereinfachter Weise zumindest im Kern die Wertung richtig nachvollzogen haben **(Parallelwertung in der Laiensphäre)**.

   🔎 Fehlvorstellungen jenseits dessen sind als Subsumtionsirrtümer für den Vorsatz unbeachtlich. Sie können aber im Einzelfall zum Verbotsirrtum führen (🔗 35, 43).

   ⚠ Der Tatbestandsirrtum ist also nichts anderes als die Konsequenz der Verneinung des Vorsatzes!

4. In zeitlicher Hinsicht gilt auch hier das Simultaneitätsprinzip, d.h. der Vorsatz muss **im Zeitpunkt des Beginns der Tathandlung** vorliegen, §§ 8, 16, 22 (vgl. 🔗 9). Tatvorstellungen vor Versuchsbeginn (sog. dolus antecedens) oder danach (sog. dolus subsequens) sind also kein relevanter Tatvorsatz.

5. Die Vorsatzformen beantworten die Frage, wie stark die **kognitive** und die **voluntative** Seite der Täter-vorstellung ausgeprägt sein müssen und wie der Vorsatz von Fahrlässigkeit abzugrenzen ist.

Dolus directus I liegt vor, ➲ wenn es dem Täter auf die Erfolgsherbeiführung ankommt

= dominierendes Wollen + Wissen oder Für-möglich-Halten des Erfolgs

---

Dolus directus II ist ➲ sicheres Wissen hinsichtlich der Tatbestandsverwirklichung

= dominierendes Wissen genügt, selbst wenn der Erfolg unerwünscht ist

---

Dolus eventualis

Während die sog. **Wissenstheorien** auf ein voluntatives Element ganz verzichten (Möglichkeits- und Wahrscheinlich-keitstheorie), streiten die sog. **Willenstheorien** um den Inhalt des voluntativen Elements (Gleichgültigkeitstheorie, Ge-fährdungstheorie).

H.M.: ➲ wenn der Täter die **Möglichkeit des Erfolgseintritts erkennt** und – wenn auch aus Gleichgültigkeit – **billigend in Kauf nimmt (Billigungstheorie der Rspr.)** oder inhaltsgleich: wenn der Täter die Möglichkeit des Erfolgs erkannt, ernst genommen und sich mit ihr abgefunden hat (Ernstnahmetheorie der Lit.). Fehlen im Sachverhalt Angaben zur Vor-stellung des Täters, ist Eventualvorsatz zu bejahen, wenn der Täter nach den Gesamtumständen (vor allem wegen der Gefährlichkeit des Tatmittels und seines Einsatzes) nicht mehr ernsthaft auf das Ausbleiben des Erfolges hoffen durfte.

(Bewusste) Fahrlässigkeit ➲ Der Täter erkennt die Möglichkeit des Erfolgseintritts (kognitives Element), hofft oder vertraut aber auf das Ausbleiben des Erfolgs (kein voluntatives Element).

V. Vorsatz (Fortsetzung)

6. dolus alternativus (Alternativ-Vorsatz)

Hierbei handelt es sich um eine Kombination mehrerer Vorsätze. Der Täter beabsichtigt oder rechnet damit, durch seine Handlung denselben Tatbestand entweder in Bezug auf den einen oder anderen Rechtsgutträger zu erfüllen (🔎 der Steinwurf soll entweder A oder B verletzen) oder entweder den einen oder anderen Straftatbestand zu erfüllen (🔎 der Steinwurf soll entweder A verletzen oder dessen Fensterscheibe zerstören). Realisierbar ist aus Tätersicht aber immer nur eine Alternative.

Soweit eine vom Vorsatz umfasste Alternative verwirklicht wird, ist der Täter wegen vollendeter Vorsatztat strafbar. **Umstritten** ist, ob tateinheitlich **Versuch** in Bezug auf die andere vorgestellte Alternative vorliegt. Zum Teil wird das verneint, weil der Vorsatz für die zweite Alternative zumindest bei Bestrafung wegen einer schwereren Vollendungstat „verbraucht" sei. **Herrschend** ist eine **Konkurrenzlösung:** Bei nicht höchstpersönlichen Rechtsgütern tritt ein etwa gleich schwerer oder schwächerer Versuch zurück. Sonst und bei geplanter Verletzung höchstpersönlicher Güter verschiedener Träger besteht Tateinheit.

I. Funktion und Rechtsquellen

Das allgemeine Deliktsmerkmal der Rechtswidrigkeit bringt zum Ausdruck, ➲ dass die Tat nach den Wertentscheidungen der Gesamtrechtsordnung als Unrecht anzusehen ist. Das Unrechtsurteil **wird durch die Tatbestandserfüllung vermutet**. Diese Vermutung wird durch die Erfüllung eines **Rechtfertigungsgrundes widerlegt**. Die Rechtfertigung beseitigt nicht nur für den Täter das Tatunrecht, sondern schließt auch die Tatbestandsmäßigkeit einer Teilnahme daran aus. Darüber hinaus erzeugt ein Rechtfertigungsgrund ein Eingriffsrecht des Täters und eine Duldungspflicht des Betroffenen ("keine Notwehr gegen Notwehr").

Gesetzliche Rechtfertigungsgründe gibt es in und außerhalb des StGB.

Für Rechtfertigungsgründe gilt das Bestimmtheitsgebot gem. Art. 103 II GG aber nicht. Sie können daher auch durch Gewohnheitsrecht entstehen (z.B. rechtfertigende Pflichtenkollision, 🕮 50).

II. Prinzip der Spezialität

1. Im strafrechtlichen Gutachten sind vorrangig Rechtfertigungsgründe zu prüfen, die speziell auf den jeweiligen Lebenssachverhalt zugeschnitten sind:

   ■ Bei Handlungen für den Staat sind öffentliche-rechtliche Ermächtigungsgrundlagen zugleich spezialgesetzliche Rechtfertigungsgründe (z.B. nach StPO/POR). Dafür gilt der (reduzierte) Prüfungsumfang des strafrechtlichen Rechtmäßigkeitsbegriffs gem. § 113 III 1 (🕮 Strafrecht BT 2).

   ■ Bei Besitzstörungen geht § 859 BGB vor § 32.

   ■ Bei Eigentumsverletzungen zur Gefahrenabwehr **geht § 228 BGB vor § 904 BGB und vor § 34.**

II. Prinzip der Spezialität (Fortsetzung)

- Für die Sicherung gefährdeter zivilrechtlicher Ansprüche geht § 229 BGB vor § 32.
- Spezielle Rechtfertigungsgründe des StGB BT (§§ 193, 218a II) gehen § 34 vor.
- Als „schärferer" Rechtfertigungsgrund geht § 32 vor § 34.

2. Bei Nichtregelung oder Nichterfüllung der Voraussetzungen eines speziellen Rechtfertigungsgrundes muss durch Auslegung ermittelt werden, ob ein Rückgriff auf allgemeine Rechtfertigungsgründe überhaupt noch zulässig ist.

🔎 Festnahme eines Straftäters durch Bürger nur bei frischer Tat (§ 127 StPO). Ist die Tat nicht mehr frisch, ist der Festnehmende weder gemäß § 32 noch gemäß § 34 gerechtfertigt.

III. Gemeinsame Struktur aller Rechtfertigungsgründe zum Schutz höherrangiger Interessen

Objektive Rechtfertigungselemente	Subjektive Rechtfertigungselemente
1. Rechtfertigungslage, Eingriffssituation	Lit.: Kenntnis der objektiv rechtfertigenden Umstände genügt
2. Allgemeine Eingriffsbefugnis	Rspr.: Darüber hinaus Rechtfertigungsabsicht erforderlich (zu Folgen des Streits 🔖 82)
3. Sozialethische Schranken	

Rechtfertigungsgründe: § 32, Notwehr (1)

I. Angriff

> ⟳ **Jede Bedrohung rechtlich geschützter Interessen durch menschliches Verhalten**

- Durch aktives Tun oder pflichtwidriges Unterlassen eines Menschen;
  - ⚠ nicht durch Tiere, es sei denn, dass das Tierverhalten Folge aktiven Tuns (🔎 „Hetzen") oder pflichtwidrigen Unterlassens von Menschen ist (🔎 Nichtanleinen des Hundes bei Leinenzwang)
- Notwehrfähig ist jedes Rechtsgut/anerkannte (nicht notwendig durch eine Strafnorm geschützte) Interesse des Angegriffenen oder Dritter (= Nothilfe); nicht: Güter der Allgemeinheit

II. Gegenwärtigkeit des Angriffs

> ⟳ **Wenn der Angriff unmittelbar bevorsteht, gerade stattfindet oder noch fortdauert**

- Vom Moment unmittelbar vor Versuchsbeginn bis zum Ende der bedrohlichen Situation

III. Rechtswidrigkeit des Angriffs

> ⟳ **(Jedenfalls) wenn der Angriff objektiv im Widerspruch zur Rechtsordnung steht**

- Daran fehlt es, wenn der Angreifer selbst gerechtfertigt handelt (dann entsteht eine Duldungspflicht). Auch ohne Rf.-Grund kann nach der Lit. die Rechtswidrigkeit entfallen, wenn dem Angriff keinerlei Sorgfaltsverstoß zugrunde liegt (🔎 unvermeidbarer Irrtum des Angreifers).
- An einer Nothilfelage fehlt es auch, wenn der betroffene Rechtsgutträger wirksam in die eigene Rechtsverletzung eingewilligt hat oder die Hilfe ablehnt („Nothilfe darf nicht aufgedrängt werden").

IV. Erforderlichkeit der Verteidigung

⮕ **Verteidigung** ist nur eine Handlung, die in **Rechtsgüter des Angreifers**, nicht Dritter, eingreift. Dieses Verbot der Drittwirkung der Notwehr gilt auch bzgl. täterfremder Gegenstände, die dieser beim oder zum Angriff benutzt. Nach der Rspr. können aber notwendig mit der Verteidigung verwirklichte gemeingefährliche Straftaten aus Notwehr gerechtfertigt sein (🔎 § 315b zur Abwehr des Angreifers).

⮕ Die Abwehrhandlung muss **geeignet** sein, **den Angriff sicher zu beenden** und – wenn mehrere gleich wirksame Handlungsalternativen bestehen – das jeweils **relativ mildeste Mittel** sein.

- Recht braucht Unrecht nicht zu weichen.
- Maßgeblich ist nur die Erforderlichkeit der Abwehrhandlung; das Folgenrisiko trifft den Angreifer.
- Grds. findet **keine Güterabwägung** zwischen dem beeinträchtigten und dem geschützten Rechtsgut statt (Rechtsbewährungs- und Schutzprinzip, nicht aber Güterabwägungsprinzip).
- Bei lebensgefährlichen Verteidigungsmitteln gilt **3-Stufen-Folge**. Soweit möglich und in der konkreten Kampflage zumutbar: (1) Androhung, (2) auf Herbeiführung der Kampfunfähigkeit begrenzter Einsatz, (3) Tötung des Angreifers nur als letztes Mittel.

V. Gebotenheit der Verteidigung

Da keine Güterabwägung stattfindet, ist das Notwehrrecht dort einzuschränken, wo seine unbeschränkte Ausübung rechtsmissbräuchlich wäre. Dazu haben sich Fallgruppen herausgebildet, bei denen der Angegriffene stärkeren Beschränkungen unterliegt (s. 🗗 24, 25).

VI. Subjektives Rf.-Element

Verteidigungswille: Kenntnis der objektiven Rechtfertigungsumstände: Nach der Rspr. zusätzlich Verteidigungsabsicht (s. 🗗 82)

VII. Fallgruppen der Notwehrbeschränkung wegen fehlender Gebotenheit

- Bei **Bagatellangriffen:** Abwehr allenfalls unterhalb der Körperverletzung erlaubt
- Bei **krassem Missverhältnis** zwischen verteidigtem und durch die Verteidigungshandlung verletztem Rechtsgut: Keine Notwehr
- Bei **schuldlos handelnden Angreifern** (Kinder, Volltrunkene, geisteskranke Personen, §§ 19, 20, Erlaubnistatbestandsirrtum, sowie durch Notwehrexzess gem. § 33 oder durch Notstand nach § 35 entschuldigte Personen): Sofern möglich Ausweichen; wo keine Ausweichmöglichkeit besteht, zunächst **Schutzwehr** und erst danach **Trutzwehr** erlaubt
- Bei geringfügigen Angriffen durch eine **nahe stehende Person**: Zunächst Ausweichen zumutbar
- Bei **Notwehr** gegen Schweigegeld- oder Schutzgeld**erpresser** ist zu unterscheiden:
  - Bei akuter Bedrohung von Leib, Leben oder Eigentum gelten keine speziellen Notwehrbeschränkungen.
  - Hat der Erpresser nur die Drohung ausgesprochen, liegt zwar ein gegenwärtiger rechtswidriger Angriff auf die Willensfreiheit vor, doch entfällt in aller Regel die Gebotenheit einer schweren Verletzung oder Tötung des Erpressers, wenn die Inanspruchnahme staatlicher Hilfe bis zur angekündigten Realisierung der Drohung möglich ist (Arg. aus § 154c StPO).
- Nothilfe dadurch, dass ein **Polizist** (⚠ nicht Privatmann) einen Beschuldigten oder Zeugen zur Preisgabe der einen Angriff beseitigenden Information **foltert oder Folter androht** (🔍 Aufenthaltsort eines Entführungsopfers, Bombenversteck) ist als Verstoß gegen die Menschenwürde (Art. 1 I GG), gegen Art. 3 I EMRK und als Widerspruch zum Rechtsbewährungsprinzip der Notwehr schlechthin ausgeschlossen (str.).

VII. Fallgruppen der Notwehrbeschränkung wegen fehlender Gebotenheit (Fortsetzung)

- Wichtigste Fallgruppe der Notwehrbeschränkung ist die vorwerfbare Herbeiführung der Notwehrlage, sog. **Notwehrprovokation**.
  - Von **Absichtsprovokation** spricht man, wenn der Angriff mit dem Ziel herausgefordert worden ist, unter dem Deckmantel der Notwehr verletzen zu können. Mit unterschiedlichen Begründungen **lehnt die h.M. hier das Notwehrrecht ab:** Kein rechtswidriger Angriff, da Provokateur eingewilligt hat / Keine Verteidigung, weil in der Provokation ein verkappter Angriff liege / Keine Befugnis mehr zur Verteidigung der Rechtsordnung / Fehlender Verteidigungswille, weil in Wirklichkeit Angriff gewollt sei.
  - Eine unabsichtlich, aber **vorwerfbar** herbeigeführte Notwehrlage liegt vor, wenn
    -- das Vorverhalten sich auf den später provozierten Angreifer und dessen Rechtsgüter selbst bezogen hat, in räumlich-zeitlichem Zusammenhang zum späteren Angriff stand und den Angreifer motiviert hatte und
    -- das Vorverhalten nach der **Rspr. sozialethisch zu missbilligen** ist, weil es einer schweren Kränkung gleichkommt; nach Auffassung des **Schrifttums** muss es **rechtswidrig** gewesen sein.

Notwehrbeschränkungen: Je schwerwiegender die Provokation war, umso mehr Zurückhaltung ist dem Provokateur bei der Abwehr zuzumuten. Umgekehrt sind die Beschränkungen umso geringer, je schwerer das Übel ist, das durch den Angriff droht. Allgemein gilt:

Wo möglich Ausweichen; sonst sind alle Möglichkeiten der Schutzwehr auszunutzen; erst danach ist Trutzwehr mit einer lebensgefährlichen Waffe erlaubt.

Folgen: Hat der Provokateur die Grenzen der Gebotenheit eingehalten, so ist er gerechtfertigt. Eine Bestrafung aus Fahrlässigkeitstat wegen des in Notwehr herbeigeführten Erfolgs ist nach h.Lit. entgegen BGH generell nicht zulässig, weil wegen der Rechtfertigung der Verteidigung kein Erfolgsunrecht mehr vorliegt.

Der allgemeine rechtfertigende Notstand beruht auf dem Prinzip der Güterabwägung und erlaubt im Konfliktfall die **Verletzung eines von der Rechtsordnung geringer bewerteten Interesses zugunsten eines höherwertigen Interesses**, wenn der Täter damit eine Rettungschance ohne Handlungsalternative wahrnimmt. § 34 ist erst dann zu prüfen, wenn andere Rechtfertigungsgründe den Lebenssachverhalt nicht oder nicht spezieller (⊡ 28) regeln. Voraussetzungen:

I. Notstandslage, § 34 S. 1

Notstandsfähig ist jedes rechtlich anerkannte Interesse des Täters oder eines Dritten; anders als bei der Nothilfe: auch Interessen der Allgemeinheit.	Eine **Gefahr** liegt vor, ⟳ wenn aufgrund eines tatsächlich gegebenen Sachverhalts nach objektiver ex-ante-Prognose der Eintritt eines Schadens wahrscheinlich ist.	Die Gefahr ist **gegenwärtig**, ⟳ wenn die Bedrohung alsbald oder erst später eintreten kann, aber sofortiges Handeln angezeigt ist (Dauergefahr).

II. Notstandshandlung, § 34 S. 1

Die Gefahr darf **nicht anders abwendbar** sein als durch die Handlung des Täters, d.h., die Verletzungshandlung muss zumindest zur Wahrnehmung einer Rettungschance geeignet und zugleich relativ mildestes Mittel sein, um die Gefahr zu beseitigen.	Das Erhaltungsinteresse muss das beeinträchtigte Gut **wesentlich überwiegen**. Kriterien für diese Abwägung: ■ Rangverhältnis der Rechtsgüter/Interessen ■ Grad der Gefahr/Höhe der Rettungschance ■ Grad des drohenden Schadens (weitergehende Beeinträchtigungen analog § 228 BGB zulässig beim Defensivnotstand)

III. Angemessenheit der Tat, § 34 S. 2

Auch wenn der Täter zugunsten des höherwertigen Rechtsguts handelt, kann die Notstandshandlung **unangemessen** sein. Dann scheidet eine Rechtfertigung aus § 34 aus. Fallgruppen:

- Es greift ein generelles **Abwägungsverbot** aus Art. 1 I GG ein (i.d.R. schon bei der Güterabwägung anzusprechen):
  - **Leben gegen Leben** ist nicht abwägungsfähig.
    - 🔎 Die Tötung weniger zur Rettung vieler Menschen ist nicht gerechtfertigt, sondern allenfalls entschuldigt.
  - Unantastbar ist im Kern das Selbstbestimmungsrecht über die eigene körperliche Integrität.
    - 🔎 Deshalb ist eine erzwungene Blut- oder Organspende zur Lebensrettung anderer nicht gerechtfertigt.
  - Unantastbar ist auch die Menschenwürde, sodass Folter durch Amtsträger zur Gefahrenabwehr (z.B. zur Erzwingung der Preisgabe eines Bombenverstecks) unangemessen ist.
- Verstoß gegen sonstige **oberste Rechtsprinzipien**:
  - Geltungsanspruch rechtlich geordneter Verfahren
    - 🔎 Daher keine Rechtfertigung des unschuldig Angeklagten für eine Anstiftung zum Meineid
  - Keine Rechtfertigung des Nötigungsnotstandes (Unterfall: Befehlsnotstand)
    - 🔎 X zwingt Y zu einem Banküberfall, indem er damit droht, ansonsten das von X entführte Kind des Y zu erschießen. Hier kommt keine Rechtfertigung, sondern nur eine Entschuldigung nach Maßgabe des § 35 infrage.
- Besondere **Duldungspflichten** des Täters:
  - Vom Gesetzgeber gewollte Folge einer anderen gesetzlichen Regelung
  - Duldungspflicht aus besonderer Rechtsstellung
  - Verschulden der Notstandslage

IV. Subjektives Rf.-Element

Lit.: Kenntnis der Notstandsvoraussetzungen genügt; nach Rspr. zusätzlich Gefahrabwendungswille

Defensivnotstand, § 228 BGB	Aggressivnotstand, § 904 BGB
lex specialis zu § 34 bei Abwehrhandlungen gegen die **Sache, von der die Gefahr ausgeht**	lex specialis zu § 34 bei Einwirkungen auf **Sachen, von denen die Gefahr nicht ausgeht**
1. Von einer Sache drohende Gefahr	1. Gegenwärtige Gefahr
2. Beschädigung/Zerstörung der Gefahr verursachenden Sache	2. Einwirkung auf eine Sache, von der die Gefahr nicht ausgeht
3. Erforderlichkeit	3. Erforderlichkeit
4. Eingetretener Schaden nicht unverhältnismäßig ggü. verhindertem Schaden	4. Drohender Schaden unverhältnismäßig höher als verursachter Schaden
5. Handeln in Kenntnis der obj. Rf.-Elemente und zum Zweck der Gefahrenabwehr	5. Handeln in Kenntnis der obj. Rf.-Elemente und zum Zweck der Gefahrenabwehr
Ein Bierkrug fällt vom Regal. Bevor er den darunter stehenden Gast erreicht, lenkt ein anderer Gast (X) die Flugbahn ab, sodass der Krug zerschellt. Notwehr (–), weil Sachgefahr kein Angriff Gegeben ist Defensivnotstand, § 228 BGB, weil die Gefahr von der Sache ausging.	Nebenstehendes Beispiel, aber X benutzt zum Zerschlagen des Bierkruges den Regenschirm des Unbeteiligten U. Der Schirm wird verbogen. Bzgl. des Regenschirms § 32 (–), da dieser nicht bei einem Angriff verwendet wird. § 228 BGB (–), da von dem Regenschirm keine Gefahr ausgeht Es greift § 904 BGB ein, sodass § 34 nicht zu prüfen ist.

Rechtfertigungsgründe: Selbsthilfe, §§ 229, 230 BGB

Begrenzte Erlaubnis zur Durchbrechung des Gewaltmonopols des Staates für die Sicherung einer gefährdeten Forderung. Voraussetzungen:

I. Selbsthilfelage

1. Bestehen eines fälligen und einredefreien zivilrechtlichen Anspruchs
   - ⚠ Bei Streit über das Bestehen oder die Höhe einer Forderung kann auch ein Hilfsanspruch aus § 242 BGB auf Mitteilung der Personalien bestehen.
2. Gefährdung des Anspruchs durch Verschlechterung der Zwangsvollstreckung oder Erschwerung der gerichtlichen Durchsetzung
3. Obrigkeitliche Hilfe (Polizei, Gerichtsvollzieher) nicht rechtzeitig erreichbar

II. Selbsthilfehandlung

- Wegnahme einer wegen eines Herausgabe- oder Zahlungsanspruchs vollstreckungs- oder arrestfähigen (Arg. aus § 230 II, IV BGB) Sache
- Zerstörung / Beschädigung einer Sache, die dem Schuldner gehört
  - 🔍 Aufbrechen eines Behältnisses, in dem sich das wegzunehmende Geld befindet
- Gewalt zur Beseitigung von Widerstand des Schuldners gegen duldungspflichtige Handlung
- Festnahme des Schuldners, sofern Fluchtverdacht besteht und Voraussetzungen des persönlichen Arrests bestehen (Arg.: § 230 III BGB)

III. Selbsthilfegrenzen

Erforderlichkeit der Handlung zur Gefahrenabwehr und zur vorläufigen Sicherung (§ 230 I BGB)
⚠ Selbsthilfe gibt nie ein Recht zur eigenmächtigen Durchsetzung oder Befriedigung des Anspruchs.

IV. Selbsthilfewille

Rechtfertigungsgründe: Festnahmerecht, § 127 I 1 StPO

StA und Polizei dürfen Tatverdächtige bei Vorliegen eines Haftgrundes nach § 127 II StPO festnehmen und zur Identitätsfeststellung festhalten, § 163 b I StPO. Für **jedermann** gibt **§ 127 I 1 StPO** ein Festnahmerecht.

I. Festnahmeberechtigte: Jedermann

Alle Privatpersonen, aber auch Staatsanwälte und Polizeibeamte

II. Festzunehmender auf frischer Tat betroffen oder verfolgt

- **„Tat"** ⊃ ist jede begangene (nicht erst zukünftige) rechtswidrige und schuldhafte Straftat. OWi reicht nicht; Versuch genügt, soweit er strafbar ist. **Str., ob eine Straftat tatsächlich vorliegen muss** (Lit.) oder ob schon dringender Tatverdacht genügt (Rspr.). Dringender Tatverdacht besteht aber erst, wenn sich nach den äußeren, erkennbaren Umständen für den verständigen Beobachter eine Straftat aufdrängt.
- **„Frisch"** ⊃ ist die Tat, solange noch unmittelbarer örtl. und zeitl. Zusammenhang zur Begehung besteht.

III. Fluchtverdacht oder Identität nicht sofort feststellbar

IV. Festnahmehandlung und verhältnismäßige Erzwingung

Erlaubt ist nur die Festnahme, keine Durchsuchung. Die Festnahme muss im Verhältnis zu den eintretenden Folgen geeignet, erforderlich und angemessen sein. Grds. sind durch § 127 I 1 StPO deshalb nur die Freiheitsberaubung und Nötigung sowie die unmittelbar dazu erforderliche Gewalt und Beeinträchtigung des körperlichen Wohlbefindens gedeckt. § 127 I 1 gibt keine Befugnis zur Verletzung von Leib oder Leben des Betroffenen. Dann muss von der Festnahme ganz abgesehen werden.

V. Subjektiv: Handeln in Festnahmeabsicht

Aus § 228 folgert die h.M., dass die **Zustimmung** des Rechtsgutinhabers als **Einwilligung** grds. ein **Rechtfertigungsgrund** ist (zum Einverständnis ⊟ 34). Voraussetzungen:

I. Rechtliche Zulässigkeit

Eine rechtfertigende Einwilligung ist möglich, wenn der verwirklichte Straftatbestand ein Rechtsgut schützt, über das verfügt werden kann (alle **Individualgüter**, außer der Vernichtung des eigenen Lebens durch Andere, Arg. aus § 216); Einwilligung ist ausgeschlossen, wenn das Delikt Rechtsgüter der Allgemeinheit schützt.
🔍 §§ 153 ff., 164, 267, 315c

II. Einwilligungserklärung

- Die Einwilligung muss vom Rechtsgutinhaber vor der Tat erteilt werden und darf zwischenzeitlich nicht widerrufen sein; nachträgliche Genehmigung ist unbeachtlich (Simultaneitätsprinzip, vgl. ⊟ 9); rein passive Duldung oder Beobachtung des Vorgangs genügt nicht.
- Nach **h.M.** muss die Einwilligung **ausdrücklich oder konkludent nach außen** erklärt werden.

III. Einwilligungsfähigkeit

- Der Einwilligende muss nach seiner geistigen und sittlichen Reife imstande sein, Bedeutung und Tragweite des gegen ihn gerichteten Eingriffs und des Verzichts auf den Schutz des Rechtsguts zu erkennen und sachgerecht zu beurteilen.
  🔍 Fehlt bei Bewusstseinsstörungen infolge von Rauschmittelgenuss
- Dies gilt nach h.M. auch bei Eingriffen in Vermögensrechte; zivilrechtliche Geschäftsfähigkeit ist nicht erforderlich.

IV. Keine Willensmängel

- Die Einwilligung muss **frei von Drohung oder Irrtümern** sein.

- Irrtümer (nach Lit. nur rechtsbezogene) lassen die Wirksamkeit entfallen.

  - 🔎 Deshalb muss ein Arzt einen Patienten zur Vermeidung von Fehlvorstellungen hinsichtlich des Eingriffs über Befund, Methoden, Risiken und mögliche Behandlungsalternativen aufklären, vgl. § 630d i.V.m. § 630e BGB.

  - ⚠️ Trotz eines rechtsgutbezogenen Irrtums ist die Einwilligung nach unstr. Rspr. aber wirksam, wenn der Rechtsgutträger diese auch ohne den Willensmangel erteilt hätte (sog. **hypothetische Einwilligung**).

V. Kein Verstoß gegen die guten Sitten bei Körperverletzungsdelikten, § 228

- Die Einschränkung gilt nicht bei anderen einwilligungsfähigen Delikten.

- Maßgeblich ist die Sittenwidrigkeit der Tat selbst, was davon abhängt, ob der Eingriff so schwer und so lebensgefährlich ist, dass er **unvereinbar mit dem Anstandsgefühl aller billig und gerecht Denkenden** ist.

  - 🔎 Eine Einwilligung in lebensgefährliche sado-masochistische Handlungen ist deshalb unwirksam; die Einwilligung durch Teilnahme an Massenschlägereien ist schon wegen der Tatbestandsmäßigkeit nach § 231 – unabhängig vom Eintritt der schweren Folge – unwirksam.

  - ⚠️ Ausnahmsweise kann ein positiver Zweck trotz Schwere der Verletzungen die Sittenwidrigkeit entfallen lassen.
    - 🔎 Einverständliche Gabe eines hochdosierten Betäubungsmittels zur Linderung der Schmerzen bei einem Sterbenden.

VI. Subjektives Rechtfertigungselement

- Handeln in Kenntnis und aufgrund der Einwilligung

Subsidiärer Ersatz für die nicht vorhandene und nicht einzuholende erklärte Einwilligung

Prinzip der GoA	Prinzip des mangelnden Interesses
⮌ Handeln im Interesse des Rechtsgutträgers	⮌ Handeln im eigenen Interesse, aber ohne Widerspruch zum Interesse des Rechtsgutträgers
🔍 X rettet Y durch eine Operation, ohne dass der bewusstlose Y zuvor dazu befragt werden konnte.	🔍 X tauscht ohne Wissen des Y dessen 100-€-Schein gegen zwei 50-€-Scheine ein.
Voraussetzungen	Voraussetzungen
■ Subsidiarität ggü. der erklärten Einwilligung: – Kein erkennbar entgegenstehender Wille des Rechtsgutträgers – Entscheidung des Rechtsgutträgers kann nicht oder nicht ohne Gefahr für andere Rechtsgüter eingeholt werden.	■ Subsidiarität – Kein entgegenstehender Wille des Rechtsgutträgers erkennbar – Vorherige Befragung des Rechtsgutträgers offensichtlich wegen mangelnder Interessenverletzung entbehrlich ■ Bis auf Einwilligungserklärung dieselben Voraussetzungen wie bei rf. Einwilligung (⮂ 31, 32)
■ Übereinstimmung mit dem zu vermutenden Willen des Rechtsgutinhabers aus ex ante-Sicht	■ Übereinstimmung mit dem mutmaßlichen Willen des Rechtsgutträgers aus ex ante-Sicht
■ Subjektiv die Absicht, i.S.d. Berechtigten zu handeln und (str.) gewissenhafte Prüfung der für den hypothetischen Willen maßgebenden Umstände	■ Subjektiv die Absicht, nicht gegen die Interessen des Berechtigten zu handeln und (str.) gewissenhafte Prüfung der für den mutmaßlichen Willen maßgebenden Umstände

Ist der entgegenstehende Wille Voraussetzung der Tatbestandsverwirklichung, lässt die **Zustimmung** des Betroffenen bereits den objektiven Tatbestand entfallen, sog. **tatbestandsausschließende Einwilligung** oder auch: **Einverständnis**.

- § 123 I Alt. 1: Eindringen erfordert Handeln gegen den Willen des Hausrechtsinhabers.
  - § 242: Wegnahme erfordert Gewahrsamsbruch gegen den Willen des Gewahrsamsinhabers.
  - § 248b: Schon nach dem Gesetzeswortlaut Handeln gegen den Willen des Berechtigten erforderlich.

Das Einverständnis ist also kein Rf.-Grund. Der Irrtum über die sachlichen Voraussetzungen des Einverständnisses ist Tatbestandsirrtum!

⚠ Überall dort, wo sich der Tb. ohne Rücksicht auf den Willen des Rechtsgutträgers feststellen lässt, wirkt ein Rechtsverzicht erst auf Rw.-Ebene unter den Voraussetzungen einer rechtfertigenden Einwilligung.

Es gibt keine allgemein gültigen Voraussetzungen. Als grobe Orientierungshilfe:

Einverständnis ist Realakt des Rechtsgutinhabers Zutrittserlaubnis bei § 123 (str.); Zustimmung zum Gewahrsamswechsel bei § 242	■ Natürliche Willensfähigkeit des Zustimmenden genügt ■ Irrtümer sind grds. unbeachtlich ■ Kundgabe der Zustimmung nicht erforderlich ■ Kenntnis des Täters nicht erforderlich (ggf. Versuch)
Einverständnis ist Disposition über den von der Rechtsordnung gewährten Rechtsschutz § 266	■ Grds. dieselben Voraussetzungen wie bei der rf. Einwilligung (🗗 31, 32) ■ Teilweise modifiziert (🔎 der Zustimmende muss bei § 266 nicht nur einwilligungs-, sondern auch geschäftsfähig sein)

Schuld als verfassungsrechtlich unverzichtbare Voraussetzung für die Bestrafung (🗗 1) bezeichnet die **persönliche Vorwerfbarkeit der Tat**.

I. Die Schuldfähigkeit

Die Schuldfähigkeit wird grds. **vermutet**. Sie kann ausnahmsweise aus entwicklungsbedingten Gründen fehlen oder aufgrund eines pathologischen Defekts eingeschränkt sein.

Entwicklungsbedingte Gründe	Fehlende Einsichts- und Steuerungsfähigkeit, § 20

▪ Kinder unter 14 Jahren sind schuldunfähig, § 19.
▪ Bei Jugendlichen (14 bis noch nicht 18) muss die Schuldfähigkeit gem. § 3 JGG positiv festgestellt werden.
▪ Bei Heranwachsenden (18 bis noch nicht 21) und Erwachsenen wird die Schuldfähigkeit widerlegbar (§ 20) vermutet.
	▪ Vorliegen einer biologischen Ursache
	  – Krankhafte seelische Störung
	  – Intelligenzminderung
	  – Tiefgreifende Bewusstseinsstörung
	  – Schwere andere seelische Störung
	+
	▪ Dadurch fehlende Einsichts- oder Steuerungsfähigkeit im Handlungszeitpunkt

II. Fehlen von Entschuldigungsgründen

▪ Entschuldigender Notstand, § 35 (🗗 41)
▪ Übergesetzlicher entschuldigender Notstand (🗗 42)
▪ Notwehrexzess, § 33 (🗗 40)
▪ Unzumutbarkeit normgemäßen Verhaltens (bei Fahrlässigkeit und beim Unterlassen, str.)

III. Unrechtsbewusstsein

Gem. § 17 gehört das Bewusstsein, im Unrecht zu handeln, zur Schuld. Fehlt es aufgrund eines Verbotsirrtums, liegt nur dann kein schuldhaftes Verhalten vor, wenn dieser Irrtum unvermeidbar war (🗗 43).

Die Bedeutung der Blutalkoholkonzentration (BAK) im Strafrecht:

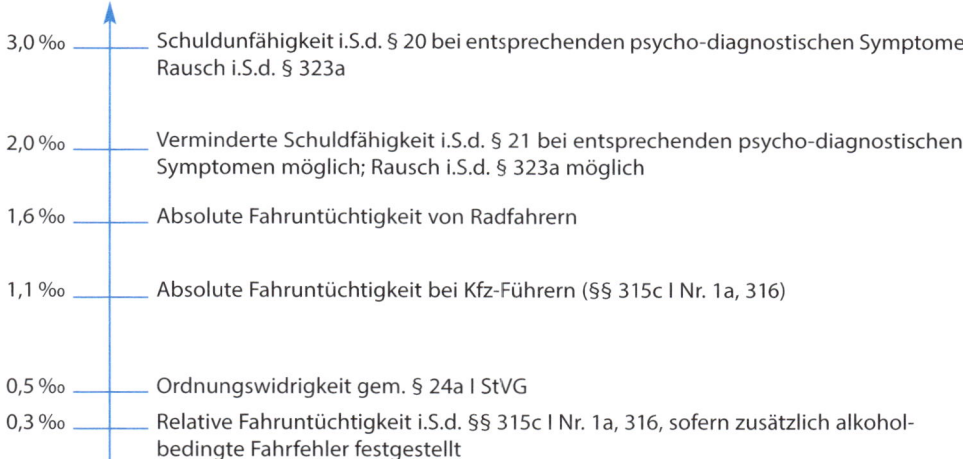

3,0 ‰ — Schuldunfähigkeit i.S.d. § 20 bei entsprechenden psycho-diagnostischen Symptomen; Rausch i.S.d. § 323a

2,0 ‰ — Verminderte Schuldfähigkeit i.S.d. § 21 bei entsprechenden psycho-diagnostischen Symptomen möglich; Rausch i.S.d. § 323a möglich

1,6 ‰ — Absolute Fahruntüchtigkeit von Radfahrern

1,1 ‰ — Absolute Fahruntüchtigkeit bei Kfz-Führern (§§ 315c I Nr. 1a, 316)

0,5 ‰ — Ordnungswidrigkeit gem. § 24a I StVG

0,3 ‰ — Relative Fahruntüchtigkeit i.S.d. §§ 315c I Nr. 1a, 316, sofern zusätzlich alkoholbedingte Fahrfehler festgestellt

⚠ In einem Klausurfall erfolgt regelmäßig ein Hinweis zur Schuldunfähigkeit; bei **3,0 ‰ BAK** ist auch ohne Hinweis von **Schuldunfähigkeit** auszugehen.

⚠ Bei Zweifeln hinsichtlich des Alkoholisierungsgrades im Tatzeitpunkt ist – in dubio pro reo – die für den Täter günstigste Alkoholisierung zugrunde zu legen. Zur Verneinung der Schuldfähigkeit bei einzelnen Delikten muss die Alkoholisierung möglichst hoch sein, **bei § 323a muss sie möglichst niedrig sein**.

I. Allgemeines

Gem. § 20 muss der Täter „bei Begehung der Tat" schuldfähig gewesen sein. War er in diesem Zeitpunkt schuldunfähig, soll ihn dies strafrechtlich nicht entlasten, wenn er in noch schuldfähigem Zustand vorwerfbar eine Ursache dafür gesetzt hat, dass es zur späteren Schuldunfähigkeit und zu der in diesem Zustand begangenen Straftat gekommen ist.

⊃ **Vorsätzliche actio libera in causa** liegt vor, wenn sich der (auch bedingte) Vorsatz im Zeitpunkt der Schuldfähigkeit sowohl auf die Herbeiführung der späteren Schuldunfähigkeit als auch auf die spätere Begehung der konkreten tatbestandsmäßigen Handlung in diesem Zustand bezog.

⊃ **Fahrlässige actio libera in causa** liegt vor, wenn den Täter sowohl bzgl. der Herbeiführung des Defektzustandes als auch bzgl. der späteren Straftat ein Sorgfaltsvorwurf trifft; ferner dann, wenn er in Bezug auf den Defektzustand oder in Bezug auf die spätere Straftat vorsätzlich, im Übrigen aber sorgfaltswidrig gehandelt hat (heute für Strafbarkeit wegen Fahrlässigkeitstat bedeutungslos, ⊟ 39).

⚠ Die actio libera in causa ist nur eine Hilfskonstruktion zur Begründung der im schuldunfähigen Zustand begangenen Straftat. Der Täter ist also niemals „wegen actio libera in causa" strafbar, sondern nur wegen eines bestimmten Tatbestands **„in Verbindung mit den Regeln der actio libera in causa".**

II. Dogmatische Begründung der a.l.i.c.

	Ausnahmemodell (Unterfall: Ausdehnungstheorie)	**Vorverlegungsmodell** (Unterfall: Werkzeugtheorie)
Ansatz	Die a.l.i.c. ist ungeschriebene Ausnahme zu § 20, wonach Schuldfähigkeit im Zeitpunkt der Tathandlung vorliegen muss.	Bei der a.l.i.c. kann der Beginn der Tat schon in der Herbeiführung der Schuldunfähigkeit gesehen werden.
Prüfungsaufbau	In der Schuld nach der Feststellung der Schuldunfähigkeit	Neue Deliktsprüfung nach der Feststellung der Schuldunfähigkeit mit der Defektherbeiführung als Anknüpfungshandlung
Kritik	Verbotene Analogie, da Wortlautgrenze des § 20 überschritten (BGH), deshalb **nicht mehr vertretbar**	Unzulässige Ausdehnung tatbestandsmäßigen Verhaltens (Versuchsbeginn!) auf eine typische Vorbereitungshandlung

III. Anwendungsbereich

- Die **fahrlässige a.l.i.c.** ist zur Strafbegründung heute entbehrlich: Selbst wenn dem Täter im Zustand der Schuldunfähigkeit für die unmittelbare Erfolgsherbeiführung kein Strafbarkeitsvorwurf wegen eines **Fahrlässigkeitsdelikts** gemacht werden kann, ist es – ohne Zuhilfenahme der Konstruktion der a.l.i.c. – möglich, **auf das Vorverhalten abzustellen**, das zu dem Erfolg im schuldunfähigen Zustand geführt hat, wenn der Täter schon hierbei objektiv und subjektiv sorgfaltswidrig gehandelt hat.

- Soweit es um vorsätzliche oder fahrlässige Delikte geht, die eine bestimmte Art und Weise der Tatbestandsverwirklichung umschreiben, sog. **verhaltensgebundene Delikte** (⊟ 6; 🔎 §§ 315c, 316), ist die a.l.i.c. ebenfalls **nicht anwendbar**, weil durch die Vorverlagerung des Strafbarkeitsvorwurfs der gesetzlich umschriebene Bereich tatbestandsmäßigen Handelns verlassen würde. Dies hat die Rspr. jedenfalls für verhaltensgebundene Verkehrsdelikte angenommen.

- Damit beschränkt sich der Anwendungsbereich praktisch auf die vorsätzliche a.l.i.c. bei **verhaltensneutralen vorsätzlichen Erfolgsdelikten**. Hieran hält die Rspr. wegen der Gefahr unzureichender Bestrafung nur aus § 323a weiterhin fest.

IV. Verhältnis zum Vollrauschtatbestand, § 323a

- Soweit eine Bestrafung des im Zustand der Schuldunfähigkeit verwirklichten Delikts nach a.l.i.c. möglich ist, scheidet diese als Rauschtat i.S.v. § 323a aus.

- Es verbleiben damit als Rauschtaten die Tatbestände, derentwegen der Täter infolge seiner Schuldunfähigkeit nicht bestraft werden kann und für die auch nicht die a.l.i.c. eingreift.

§ 33 ist Entschuldigungsgrund dafür, dass der Verteidiger in einer Notwehrlage aus dem affekthaften Gefühl des Bedrohtseins die **Grenzen der Notwehr überschreitet**. Dies gilt auch bei schuldhafter Herbeiführung der Notwehrlage. Voraussetzungen:

I. Bestehende Notwehrlage

Die h.M. entschuldigt nur die Notwehrüberschreitung bei einem tatsächlich gegenwärtigen rechtswidrigen Angriff (sog. **intensiver Notwehrexzess**). Abzugrenzen:

Extensiver Notwehrexzess	Putativnotwehr	Putativnotwehrexzess
Täter verteidigt sich, obwohl ein Angriff noch nicht oder nicht mehr gegenwärtig ist.	Täter nimmt irrig einen Angriff an, hätte aber bei tatsächlichem Angriff die Grenzen der Notwehr eingehalten.	Täter nimmt irrig einen Angriff an und verteidigt sich intensiver als erforderlich oder geboten.
▪ Täter bleibt strafbar, str. bei nachzeitigem Exzess	▪ Erlaubnistatbestandsirrtum (⧉ 82), keine Strafbarkeit aus Vorsatztat	▪ Erlaubnisirrtum (⧉ 82, 43), nach h.M. bleibt Täter strafbar (a.A.: § 33 analog)

II. Überschreitung der Notwehrgrenzen

Der Verteidiger muss entweder das Maß der Erforderlichkeit (⧉ 23) oder der Gebotenheit (⧉ 23–25) überschritten haben.

III. Vorliegen eines asthenischen Affekts

- Verwirrung (insofern ist § 33 für den Täter günstige Spezialregelung des Erlaubnisirrtums)
- Furcht ⮕ gesteigerte Form der Angst, nicht notwendig Todesangst
- Schrecken

IV. Innerer Zusammenhang zwischen Notwehrüberschreitung und Affekt

Schuld: Entschuldigender Notstand, § 35

Der entschuldigende Notstand beseitigt zwar nicht das Unrecht, gewährt aber rechtliche Nachsicht wegen der **Unzumutbarkeit rechtskonformen Verhaltens**. Voraussetzungen:

I. Notstandslage

Notstandsfähig sind nur • Leben (auch das ungeborene) • Leib (nur intens. Beeinträchtigungen) • Körperliche Fortbewegungsfreiheit (nicht allgemeine Willensfreiheit)	In persönlicher Hinsicht müssen die Rechtsgüter des **Täters**, eines **Angehörigen** (§ 11 I Nr. 1) oder einer **nahe stehenden Person** betroffen sein.	**Gegenwärtige Gefahr** wie in § 34 (⊟ 26)

II. Notstandshandlung

Gefahr **nicht anders** als durch rw. Tat **abwendbar**, d.h. wie bei § 34 muss der Täter von mehreren geeigneten das mildeste Mittel wählen, Zumutbarkeitserwägungen schränken ggf. die Handlungsalternativen ein.	Die Gefahrhinnahme muss **unzumutbar** sein, daran fehlt es (§ 35 I 2) bei: • (pflichtwidrigem; str.) Verursachen der Gefahr durch den Täter • Bestehen eines besonderen Rechtsverhältnisses (z.B. bei Ärzten, Soldaten) • Weiteren Umständen (z.B. Garantenstellung, Unverhältnismäßigkeit)

III. Subjektiv

Kenntnis der Gefahrenlage und Gefahrabwendungswille; nach Rspr. zusätzlich pflichtgemäße Prüfung anderer Abwendungsmöglichkeiten erforderlich

Schuld: Übergesetzlicher entschuldigender Notstand, § 35 analog

Nach h.M. erlangt der Täter auch dann Straffreiheit, wenn er aus einem Gewissenskonflikt außerhalb der Grenzen von § 34 und § 35 fremde Rechtsgüter geopfert hat, um andere zu retten.

🔎 Hauptfall: „Quantitativer Lebensnotstand"

I. Notstandslage

- Gegenwärtige Gefahr für Leben außerhalb des Personenkreises von § 35
- Entscheidungskonflikt des Täters: Entweder Tod durch Untätigkeit oder Gefahrabwendung durch aktive Rechtsverletzung außerhalb von § 34

II. Notstandshandlung

- Aktiver Rechtsguteingriff einziges Mittel zur Gefahrabwendung
  - 1. Ansicht: Der angerichtete Schaden muss gegenüber dem verhinderten das ethisch „geringere Übel" gewesen sein
  - 2. Ansicht: Entschuldigt ist nur eine Handlung, die Personen opfert, die ohne den Eingriff sowieso getötet worden wären.
  🔎 Die Umlenkung eines Personenzuges auf eine Gruppe Gleisarbeiter zur Verhinderung eines Zusammenstoßes zweier Züge ist nach der 2. Ansicht nicht entschuldbar.
- Keine Gefahrtragungspflicht analog § 35 I 2

III. Notstandswille

- Gewissenhafte Prüfung der Gefahrenlage
- Handeln in Rettungsabsicht

Schuld: Unrechtsbewusstsein, § 17

§ 17 legt fest, dass die **Unrechtseinsicht ein Element der strafrechtlichen Schuld** ist. Das Fehlen der Einsicht führt aber nur dann zur Straflosigkeit, wenn dieser Rechtsirrtum für den Täter unvermeidbar war. Prüfungsfolge:

I. Abgrenzung zu anderen Irrtümern

§ 17 erfasst nur die Unkenntnis des Widerspruchs der Tat zur Gesamtrechtsordnung. Soweit Spezialregeln eingreifen, sind diese vorrangig (insbes. Tatbestandsirrtum, Erlaubnistatbestandsirrtum, Notwehrexzess oder § 113 IV).

II. Inhalt des Unrechtsbewusstseins

➲ Bewusstsein, im Tatzeitpunkt bezogen auf das jeweilige Rechtsgut gegen gesetzliche Bestimmungen zu verstoßen.

- Ausreichend ist, wenn der Täter mit der Möglichkeit rechnet, (nicht notwendig strafrechtlich) Verbotenes zu tun.
- Beim sog. **direkten Verbotsirrtum** glaubt der Täter aufgrund eines Rechtsirrtums, sein Verhalten unterfalle schon keiner Verbotsnorm.
- Beim sog. **indirekten Verbotsirrtum** (auch **„Erlaubnisirrtum"**) hält der Täter sein Handeln aufgrund eines Rechtsirrtums über einen nicht anerkannten oder über die Reichweite eines anerkannten Rechtfertigungsgrundes für erlaubt (🗗 82).

III. Rechtsfolge

- War der Irrtum nach individuellen Fähigkeiten, eigenen Kenntnissen und ggf. verlässlicher Auskunft **unvermeidbar**, ist gem. § 17 S. 1 die **Schuld des Täters ausgeschlossen**
- War der Irrtum vermeidbar (Regelfall), § 17 S. 2: Nur fakultative Strafmilderung

I. Unterschiede zur Vorsatztat

- Anders als bei der vorsätzlichen Tat ist **Fahrlässigkeit** nur strafbar, wenn das Gesetz dies im Kontext des jeweiligen BT-Tatbestandes **ausdrücklich bestimmt, § 15**. Dem Täter einer Fahrlässigkeitstat wird vorgeworfen, dass er unvorsätzlich, aber durch Verletzung von Verhaltensstandards und vermeidbar einen Erfolg durch aktives Tun herbeigeführt hat.
- Da es auf vorsätzliches Handeln nicht ankommt, **gibt es keinen Versuch**.
- Eine Zurechnung fremden fahrlässigen Handelns nach den Regeln der Mittäterschaft oder unmittelbaren Täterschaft findet nach bislang h.M. nicht statt. Vielmehr ist jeder Täter, der selbst vorwerfbar einen kausalen und im Zurechnungs-/Pflichtwidrigkeitszusammenhang stehenden Beitrag für den Taterfolg gesetzt hat (**„Einheitstäter"**).

II. Prüfungsaufbau

1. Tatbestand
   a) Taterfolg, weitere spez. Unrechtsmerkmale
   b) Tathandlung
   c) Kausalität für den Taterfolg
   d) Obj. Sorgfaltspflichtverletzung bei obj. Voraussehbarkeit des wesentlichen Kausalverlaufs und des Erfolgs
   e) Zurechnungs-/Pflichtwidrigkeitszusammenhang
	2. Rechtswidrigkeit
	3. Schuld; insbes. Fahrlässigkeitsschuld, d.h. subj. Sorgfaltspflichtverstoß bei subjektiver Vorhersehbarkeit des wesentlichen Kausalverlaufs und des Erfolgs; Spezieller Entschuldigungsgrund: Unzumutbarkeit normgemäßen Verhaltens

⚠️ Bei der **zweistufigen Fahrlässigkeitsprüfung** wird auf der **ersten Stufe** im Tb. ermittelt, ob das Verhalten den Anforderungen an einen durchschnittlichen und besonnenen Menschen in der konkreten Situation entspricht. Auf der **zweiten Stufe** im Rahmen der Schuld ist zu prüfen, ob der Täter nach seinen individuellen Fähigkeiten die durchschnittlichen Verhaltenserwartungen erfüllen konnte. Besitzt der Täter Sonderwissen, so ist dies der Maßstab.

III. Verletzung der objektiven Sorgfaltspflicht

1. Der Inhalt der zu beachtenden Sorgfalt bestimmt sich nach den Anforderungen, **die ein besonnener und gewissenhafter Mensch aus dem Verkehrskreis des Täters in dessen sozialer Rolle bei der konkreten Sachlage ex ante zu erfüllen hatte**.

2. Begrenzt werden die Sorgfaltspflichten durch das sog. **erlaubte Risiko** (identisch mit dem Begriff der Sozialadäquanz aus der Zurechnungslehre, ⊟ 13), weil eine gefährliche Handlung allein noch nicht sorgfaltswidrig ist (🔍 Teilnahme am Straßenverkehr). Ob das erlaubte Risiko überschritten ist, richtet sich nach:

   ■ speziellen Rechtsnormen (🔍 StVO) oder anerkannten Verhaltensregeln (🔍 DIN-, VDE-Regeln),

   ■ sonst nach einer Abwägung aus dem allgemeinen Schädigungsverbot: Je höher das Risiko und je größer der zu erwartende Schaden, desto höher sind die Sorgfaltsanforderungen.

3. Die **objektive Vorhersehbarkeit** fehlt, wenn der wesentliche Kausalverlauf oder der Erfolg so sehr außerhalb aller Lebenserfahrung liegt, dass man nicht damit zu rechnen brauchte (identisch mit dem Begriff der Inadäquanz aus der Zurechnungslehre, ⊟ 13).

IV. Verletzung der subjektiven Sorgfaltspflicht

1. Innerhalb der Schuld ist explizit festzustellen, dass der Täter nach seinen **individuellen Kenntnissen und Fähigkeiten** (Bildung, Intelligenz und Lebenserfahrung) imstande war, die objektive Sorgfaltspflicht einzuhalten.

2. Die **subjektive Vorhersehbarkeit** verlangt, dass der Täter bei der Tathandlung individuell die Gefahr des Erfolges und den wesentlichen Kausalverlauf erkennen konnte.

V. Zurechnungs-/Pflichtwidrigkeitszusammenhang

Beim fahrlässigen Erfolgsdelikt wird schon von Gesetzes wegen verlangt, dass sich das rechtlich missbilligte Verhalten des Täters in tatbestandstypischer Weise in dem Erfolg niedergeschlagen hat (🔎 § 222: „durch Fahrlässigkeit").

Unrechtsausschlüsse (die nicht schon durch die speziellen Prüfungspunkte der Fahrlässigkeitstat verbraucht werden):
1. Erfolg liegt **außerhalb des Schutzbereichs** der vom Täter verletzten Sorgfaltsnorm.
2. Erfolg beruht auf **neuer Gefahrschaffung** durch Opfer, Täter oder Dritten (vgl. 🗗 14–16).
3. Erfolg auch bei hypothetisch **pflichtgemäßem Alternativverhalten** (fehlender Pflichtwidrigkeitszusammenhang):

- Anders als beim Vorsatzdelikt kann den Täter ein hypothetischer Kausalverlauf entlasten, wenn derselbe Erfolg auch bei Einhaltung der gebotenen Sorgfalt eingetreten wäre.
- In der konkreten Lage ist das pflichtwidrige Verhalten durch hypothetisches verkehrsgerechtes Verhalten zu ersetzen. Andere Umstände dürfen nicht verändert werden.
- Es **fehlt am Pflichtwidrigkeitszusammenhang**, wenn derselbe Erfolg aufgrund eines Umstands, der bereits unmittelbar in der Tatsituation angelegt war, aufgrund Fehlverhaltens des Opfers oder anderer, vom Täter nicht beherrschbarer Umstände eingetreten wäre. Nach dem Zweifelssatz gilt dies auch, wenn derselbe Erfolg nur möglicherweise eingetreten wäre (a.A. die Risikoerhöhungslehre).
- ⚠ Ausnahme: Der ursächlich gewordene Täter kann sich nicht damit entlasten, dass bei seinem gedacht richtigen Verhalten derselbe Erfolg aufgrund eines hypothetisch wirksamen Fehlverhaltens eines gleichrangig handlungspflichtigen Dritten eingetreten wäre.

VI. Rechtswidrigkeit

- Grds. möglich wie bei Vorsatzdelikt (erst-recht-Schluss)
- Bei der rechtfertigenden Einwilligung bzgl. der fahrlässigen Erfolgsdelikte (🔎 § 229) genügt schon die Einwilligung in die sorgfaltswidrige Handlung.

I. Abgrenzung Tun/Unterlassen

- Innerhalb der Begehungstat findet die Abgrenzung zum Unterlassen beim Prüfungspunkt „Tathandlung" statt. Verneint man ein aktives Tun, prüft man als nächstes das unechte Unterlassungsdelikt.
- Nach dem naturalistischen Ansatz ist zunächst zu fragen, ob der Täter **positive Energie** in Richtung des verletzten Rechtsguts **entfaltet** hat und ob dies zu einer ununterbrochenen Kette von **Außenweltveränderungen** geführt hat, die **mit dem Erfolg (kausal) verknüpft** sind. Die h.M. ergänzt diesen Ansatz um eine Wertungskomponente und fragt zusätzlich, wo der **Schwerpunkt der Vorwerfbarkeit** liegt. Im Zweifel liegt positives Tun vor.
- Sonderfall:

Abbruch eigener Rettungshandlungen

Täter bricht ab, bevor er alles zur Rettung Erforderliche getan bzw. das Opfer erreicht hat.	Täter bricht ab, nachdem das Opfer bereits eine gesicherte Rettungsmöglichkeit hat.
Unterlassungstäter	Begehungstäter

- Sonderfall:

Vereitelung fremder Rettungshandlungen

Verweigerung der Mithilfe/des Zur-Verfügung-Stellens von Rettungsmitteln bei vorhandener Tatbeherrschung/Veranlassung der Untätigkeit oder Nichthinderung der Unrechtsverwirklichung durch einen Tatmittler	Abhalten eines Rettungswilligen mit tatherrschaftsbegründenden physischen oder psychischen Mitteln (Täuschung, Drohung)
Unterlassungstäter	Unmittelbarer(!) Begehungstäter ⚠ Aber auch dann Tatvollendung nur bei „Quasi-Kausalität" (🗗 50).

II. Formen

Unechte Unterlassungsdelikte	Echte Unterlassungsdelikte
Tb.-licher Erfolg eines Begehungsdelikts, der vorsätzlich oder fahrlässig durch Unterlassen herbeigeführt wurde, und unter den zusätzlichen Voraussetzungen von **§ 13 I** dem aktiven Tun gleichsteht.	Straftaten, die schon in ihrer Unrechtsbeschreibung ein Unterlassen voraussetzen (○ § 138, § 142 II, § 323c I).

III. Prüfungsaufbau zum unechten Unterlassungsdelikt

Das vorsätzliche unechte Unterlassungsdelikt	Das fahrlässige unechte Unterlassungsdelikt
1. Tatbestand	1. Tatbestand
a) Taterfolg, weitere deliktsspezifische Merkmale	a) Taterfolg, weitere deliktsspezifische Merkmale
b) Unterlassen der obj. gebotenen Handlung (vgl. 🗗 47)	b) Unterlassen der obj. gebotenen Handlung (vgl. 🗗 47)
c) Tatsächliche Möglichkeit zur Vornahme der gebotenen Handlung	c) Tatsächliche Möglichkeit zur Vornahme der gebotenen Handlung
d) Garantenstellung (vgl. 🗗 49)	d) Garantenstellung (vgl. 🗗 49)
e) Entsprechensklausel (nur ausnahmsweise)	e) „Quasi-Kausalität"
f) „Quasi-Kausalität"	f) Objektive Sorgfaltspflichtverletzung bei objektiver Vorhersehbarkeit
g) Objektive Zurechenbarkeit (Lit.)	g) Entsprechensklausel (nur ausnahmsweise)
h) Vorsatz bzgl. a)–g)	h) Obj. Zurechnungs-/Pflichtwidrigkeitszusammenhang
2. Rechtswidrigkeit	2. Rechtswidrigkeit
3. Schuld, insbesondere Entschuldigung wegen Unzumutbarkeit normgemäßen Verhaltens (a.A.: TB-Begrenzung)	3. Schuld, insbesondere Entschuldigung wegen Unzumutbarkeit normgemäßen Verhaltens (a.A.: TB-Begrenzung)

IV. Die Garantenstellung

Gem. § 13 I muss der Täter für den Nichteintritt des Erfolgs **rechtlich einzustehen** haben. Dazu haben Lit. und Rspr. Fallgruppen herausgearbeitet, die sich nach der Schutzrichtung des Garanten unterscheiden:

Beschützergarant ➲ Träger einer Pflicht zum Schutz eines Rechtsguts vor unbestimmt vielen Gefahren	**Überwachergarant** ➲ Träger einer Pflicht zum Schutz unbestimmter Rechtsgüter vor einer bestimmten Gefahrenquelle
■ Spezielle Rechtssätze (🔍 § 1626 BGB, elterliche Sorge)	■ Spezielle Rechtssätze (🔍 § 32 StVO)
■ Rechtlich fundierte und tatsächlich bestehende Beziehungen natürlicher Verbundenheit, insbes. zwischen engen Familienangehörigen	■ Gefährdendes Vorverhalten, das gegen Verhaltensregeln verstoßen hat, die auch vor dem später nicht abgewendeten Schaden schützen sollten, und das eine Risikoerhöhung für den später drohenden Schaden geschaffen hat **(Ingerenz)**
■ In Vollzug gesetzte Übernahme von Schutzpflichten auf der Grundlage einer rechtsgeschäftlichen Verpflichtung	■ Besondere Verkehrssicherungspflichten
■ Faktische Übernahme von Schutzpflichten (ohne rechtsgeschäftliche Grundlage), nur soweit sich andere im Vertrauen auf die Schutzposition einer Gefahr aussetzen oder durch die Übernahme Gefahren vergrößert werden oder andere Rettungsmöglichkeiten unterbleiben	■ Beherrschung eines räumlich abgegrenzten Bereichs (z.B. bei Aufnahme eines Gastes in der Wohnung), soweit dadurch eine besondere Vertrauenslage geschaffen wird
■ Amtsträgerstellung bzgl. aller Güter, die vom Schutzzweck der in den Zuständigkeitsbereich fallenden Aufgaben erfasst werden	■ Pflicht zur Beaufsichtigung anderer (🔍 Eltern, Lehrer, Vorgesetzte)

V. Die Entsprechensklausel

Gem. § 13 I a.E. muss das Unterlassen in Bezug auf den vertypten Unwertgehalt dem aktiven Tun entsprechen, was **nur bei verhaltensgebundenen Delikten** Bedeutung erlangt (⊟ 6, 🔎 Nötigung, § 240).

VI. „Quasi-Kausalität"

↻ liegt nach der abgewandelten c.s.q.n.-Formel vor, **wenn die unterlassene Handlung nicht hinzugedacht werden kann, ohne dass der tatbestandliche Erfolg mit an Sicherheit grenzender Wahrscheinlichkeit entfiele.**

⚠ Anders als beim Begehungsdelikt kann also bei **hypothetisch pflichtgemäßem Verhalten** des Täters bereits die Möglichkeit desselben Erfolgs in dubio pro reo die Kausalität entfallen lassen.

VII. Obj. Zurechnungszusammenhang

Dieselben Fallgruppen wie beim vorsätzlichen bzw. fahrlässigen Begehungsdelikt; Besonderheit: Bei der Schutzzweckprüfung ist zu fragen, ob die dem Täter obliegende Handlungspflicht darauf abzielt, gerade den konkreten Erfolg zu verhindern (🔎 Ehegatten sind Beschützergaranten untereinander, müssen aber keine Straftaten des anderen verhindern).

VIII. Rechtswidrigkeit

Besonderer Rechtfertigungsgrund der Unterlassung: **Rechtfertigende Pflichtenkollision**, d.h. wenn bei Kollision zweier rechtlich **gleichwertiger** Handlungspflichten nur ein Gebot auf Kosten des anderen erfüllt werden konnte.

IX. Schuld

Besonderer Entschuldigungsgrund: **Unzumutbarkeit normgemäßen Verhaltens** (nach a.A. bereits im Tatbestand zu prüfende Begrenzung der Garantenpflicht)

I. Allgemeines

Vorsatz-Fahrlässigkeits-Kombinationen sind solche Delikte, die hinsichtlich der Tathandlung Vorsatz voraussetzen, aber hinsichtlich einer dadurch bewirkten **Folge Fahrlässigkeit** genügen lassen.

- Bei **strafbegründenden Vorsatz-Fahrlässigkeits-Kombinationen** ist der Vorsatzteil für sich gesehen nicht unter Strafe gestellt (🔍 bei § 315c III 1 ist das Fahren unter Verletzung von Abs. 1 Nr. 1b, 2 für sich gesehen nicht strafbar).
- **Strafschärfende Vorsatz-Fahrlässigkeits-Kombinationen** sind die sog. **Erfolgsqualifikationen**. Hier ist die Tathandlung für sich als Vorsatztat strafbar. Bzgl. der schweren Folge genügt dann nach **§ 18** „wenigstens Fahrlässigkeit" (🔍 §§ 226 I, 227, 239 IV, 315d V).
  ⚠️ Verlangt die Strafschärfung nur eine konkrete Gefährdung, ist § 18 nicht anwendbar, dann gilt § 15, sodass Vorsatz erforderlich ist (🔍 § 306b II Nr. 1).

II. Prüfungsaufbau des erfolgsqualifizierten Delikts

1.Tatbestand a) Objektive und subjektive Verwirklichung des Grunddelikts b) Eintritt der schweren Folge c) Verursachung der schweren Folge durch das Grunddelikt d) Objektive Fahrlässigkeit (wenn vorgeschrieben: Leichtfertigkeit) in Bezug auf die schwere Folge	e) Qualifikationsspezifischer Gefahrzusammenhang zwischen Grunddelikt und Erfolg 2. Rechtswidrigkeit 3. Schuld, insbesondere Fahrlässigkeitsschuld hinsichtlich der schweren Folge

III. Qualifikationsspezifischer Gefahrzusammenhang

Wegen des hohen Strafrahmens von Erfolgsqualifikationen muss bei Erfolgsqualifikationen zwischen dem Grunddelikt und der schweren Folge ein **spezifischer Zusammenhang** dahingehend vorliegen, dass nur die **Gefährlichkeit des Grunddelikts** selbst, nicht andere Gefährdungsmomente den strafschärfenden Erfolg verursacht haben darf. Dieser spezifische Gefahrzusammenhang ist für jede Erfolgsqualifikation gesondert durch Auslegung zu ermitteln.

🔎 Keine Bestrafung aus § 251, wenn der Tod des Raubopfers nicht auf dem Einsatz eines Raubmittels beruht, sondern darauf, dass die weggenommene Sache ein lebenswichtiges Medikament war (str.).

IV. Objektive Fahrlässigkeit in Bezug auf den Erfolg

- Grds. genügt einfache Fahrlässigkeit (🔎 § 227). Häufig verlangt das Gesetz aber gesteigerte Fahrlässigkeit in Form der Leichtfertigkeit (🔎 § 251).
  - ➲ **Leichtfertig** handelt, wer aus besonderem Leichtsinn oder aus besonderer Gleichgültigkeit die nach den Umständen gebotene und mögliche Sorgfalt außer Acht lässt.
- Praktisch alle Erfolgsqualifikationen sind hinsichtlich der schweren Folge auch vorsätzlich begehbar. Dies folgt aus der Formulierung „wenigstens Fahrlässigkeit" in § 18 bzw. „wenigstens leichtfertig" in den jeweiligen Tatbeständen des BT.
- ⚠ Mit Mord (§ 211) oder Totschlag (§ 212) steht die hinsichtlich der Todesfolge vorsätzlich begangene Erfolgsqualifikation (🔎 § 251, § 306c, nicht aber § 227) in Tateinheit (§ 52).

I. Unterschied zur Vollendungstat; Strafgrund

- Der Versuch ist das subjektiv auf Vollendung gerichtete und begonnene, aber aus tatsächlichen oder rechtlichen Gründen nicht als Vollendungstat strafbare Vorsatzdelikt.

- Der Versuch ist notwendiges **Durchgangsstadium** jeder Vorsatztat und liegt zeitlich zwischen Deliktsvorbereitung und formeller Tatvollendung (= Verwirklichung aller Tb.-Merkmale). Gem. § 22 beginnt der Versuch – und damit die Strafbarkeit – mit dem tatplangemäßen unmittelbaren Ansetzen zur Tat.

- **Strafgrund** des Versuchs ist die Betätigung des rechtsfeindlichen Willens und ihr rechtserschütternder Eindruck auf die Allgemeinheit **(Eindruckstheorie)**.

II. Prüfungsaufbau des Versuchs

1. Vorerörterungen
   a) Keine Strafbarkeit aus vollendeter Tat (bei vorheriger Prüfung der entsprechenden Vollendungstat entbehrlich)
   b) Strafbarkeit des Versuchs (durch Gesetzeszitat im Obersatz i.d.R. entbehrlich)

2. Tatentschluss

3. Unmittelbares Ansetzen, § 22

4. Rechtswidrigkeit

5. Schuld

6. Strafaufhebungsgründe, insbes. § 24: Rücktritt

III. Keine Strafbarkeit aus Vollendungstat

Die Strafbarkeit aus Tatvollendung fehlt, wenn irgendein Merkmal des objektiven Tatbestandes aus tatsächlichen oder rechtlichen Gründen nicht verwirklicht ist.

🔎 Der Schuss verfehlt sein Ziel (Ausbleiben des Tatererfolgs); das überfahrene Unfallopfer stirbt, doch kann dem Hilfspflichtigen nicht nachgewiesen werden, dass das Opfer bei rechtzeitiger Rettung überlebt hätte (fehlende [Quasi-]Kausalität des Unterlassens); durch Abprallen des Wurfgeschosses wird ein anderes als das anvisierte Opfer verletzt (aberratio ictus).

IV. Strafbarkeit des Versuchs

Ist der Versuch auf ein **Verbrechen** gem. § 12 I gerichtet, ist dieser stets strafbar **(§ 23 I Hs. 1)**. In allen übrigen Fällen muss die Versuchsstrafbarkeit beim jeweiligen Deliktstatbestand ausdrücklich angeordnet sein, § 23 I Hs. 2.

V. Tatentschluss

Tatentschluss ist der **subjektive Tatbestand** des nicht zur Vollendung gelangten Delikts:
- Abzustellen ist auf den Zeitpunkt des unmittelbaren Ansetzens.
- Der Täter muss die Entscheidung für die Tat endgültig gefasst haben. Bedingungen oder Unsicherheiten, die sich nur auf die Realisierbarkeit des Tatplans beziehen, stehen nicht entgegen.
- Der Täter muss **Vorsatz** in der von dem jeweiligen Tatbestand vorausgesetzten Form **hinsichtlich aller den objektiven Tatbestand ausfüllenden Umstände** besitzen.
- Ferner muss Vorsatz bezüglich aller Umstände vorliegen, die nach dem Allgemeinen Teil für den jeweiligen Deliktstyp (§ 13) oder die jeweilige Handlungszurechnung (§§ 25 I Alt. 2, 25 II) erforderlich sind.
- Zudem müssen alle subjektiven Tatbestandsmerkmale erfüllt sein.

V. Tatentschluss (Fortsetzung)

■ Straflos ist der **abergläubische Versuch**, bei dem der Täter mit irrealen Mitteln (🔎 „Totbeten") einen Erfolg „herbeiwünscht". Hier fehlt nach h.M. der Tatentschluss zur Tatbestandsverwirklichung durch Schaffung eines strafrechtlich relevanten Risikos.

■ Hat der Täter nur aus **grobem Unverstand** verkannt, dass der Versuch nicht zu vollenden ist, gilt **§ 23 III:** Es liegt ein tatbestandsmäßiger Versuch vor, aber Absehen von Strafe/Milderung ist möglich.

■ Untauglicher Versuch und Wahndelikt

– Beim **strafbaren untauglichen Versuch** nimmt der Täter irrig tatsächliche Umstände an, bei deren Vorliegen er tatbestandlich handeln würde. Der untaugliche Versuch beruht also auf einem umgekehrten Irrtum auf Tatbestandsebene. Gem. § 22 („nach seiner Vorstellung") ist auch der untaugliche Versuch mit Strafe bedroht.

🔎 A schießt auf einen Baum, glaubt aber, es handele sich um einen Menschen: § 303 I bzgl. Baum (–), wegen Unkenntnis des Merkmals „Sache" (Tatbestandsirrtum); §§ 212 I, 22, 23 I, 12 I bzgl. Mensch (+), da irrige Annahme des Merkmals „Mensch" (untauglicher Versuch).

– Abzugrenzen ist der untaugliche Versuch vom **straflosen Wahndelikt**. Dabei irrt der Täter nicht über tatsächliche Umstände, sondern gelangt aufgrund falscher rechtlicher Wertung und fehlerhafter Parallelwertung (str.) zu der fehlerhaften Subsumtion, sein Verhalten sei verboten (🕮 81, 82).

🔎 X nimmt irrig an, die Nichtrückgabe einer entliehenen Sache sei stets strafbar (Wahndelikt, str.).

⚠ Der Tatentschluss ist aus Sicht des Täters zu prüfen. Zu fragen ist also immer: „Hatte T Tatentschluss bzgl. ..."

VI. Versuchsbeginn

Gem. § 22 setzt ein Versuch voraus, dass der Täter nach seiner Vorstellung von der Tat unmittelbar zur Tatbestandsverwirklichung angesetzt hat. Diese Vorschrift kombiniert subjektive und objektive Elemente. Grds. gilt folgende **Kombinationsformel:**

Subjektiv:	Objektiv:
■ Der Täter muss beim tauglichen Versuch die gefahrbegründenden Umstände erkannt oder sich beim untauglichen Versuch solche Umstände vorgestellt haben. ■ Der Täter muss **subjektiv die Schwelle zum „Jetzt geht es los" überschreiten** wollen, d.h. die Angriffshandlung muss auch gemäß seinem Tatplan zur Tatbestandsverwirklichung bestimmt sein. 🔎 Daran fehlt es, wenn der Täter nur „zur Probe" das Gewehr auf einen vorbeifahrenden Menschen anlegt oder wenn er irrtümlich nicht erkennt, dass die vorbeigehende Person sein Tatopfer ist.	Der Täter muss eine **Angriffshandlung** vorgenommen haben, die **ohne weitere Zwischenakte**, also ohne einen weiteren Willensimpuls, in die Erfüllung des Tatbestandes übergehen konnte. Zusätzlich ist erforderlich, dass durch diese Angriffshandlung – entweder das geschützte Rechtsgut tatsächlich konkret gefährdet wurde **(tauglicher Versuch)** – oder das Rechtsgut konkret gefährdet worden wäre, wenn die Sachverhaltsvorstellung des Täters zutreffend gewesen wäre **(untauglicher Versuch)**.

VII. Sonderfälle des Versuchsbeginns

■ **Teilverwirklichung** (🔍 Der Räuber bedroht das Opfer)

> **Allg. Ansicht:** Hat der Täter bereits die einzige oder eine von mehreren Tathandlungen vorgenommen, die in einem Zug zur vollständigen Tatbestandserfüllung führen sollten, so liegt stets Versuchsbeginn vor.

■ **Abgeschlossenes Täterhandeln** (🔍 Täter hat dem Opfer eine Falle gestellt)

H.M.: Versuchsbeginn, wenn der Täter alles zur Erfolgsherbeiführung Erforderliche getan hat, den weiteren Geschehensablauf bewusst aus der Hand gegeben hat und eine Gefährdung zeitnah als sicher erwartet (modifizierte Entlassungsformel).	**MM.:** Es gilt die Kombinationsformel (🗗 56). Versuchsbeginn also erst dann, wenn aus der Sicht des Täters die für den Erfolgseintritt notwendige Mitwirkungshandlung des Opfers vorgenommen wird.

■ **Unechtes Unterlassungsdelikt** (🔍 Beschützergarant will Opfer verhungern lassen)

H.M.: Es gilt die Kombinationsformel (🗗 56). Maßgeblich ist, ob aus der Sicht des Täters für die unmittelbare Gefährdung des Rechtsguts weitere wesentliche Zwischenschritte erforderlich sind; innerhalb dieser Meinungsgruppe wird Versuchsbeginn zum Teil schon mit Entlassen der Herrschaft über den Kausalverlauf bejaht (**Entlassungsformel**).	**MM. 1:** Versuchsbeginn mit Verstreichenlassen der ersten Rettungsmöglichkeit **MM. 2:** Versuchsbeginn erst mit Verstreichenlassen der letzten Rettungsmöglichkeit

VII. Sonderfälle des Versuchsbeginns (Fortsetzung)

Vorsätzliche actio libera in causa (🔍 Täter trinkt sich bis zur Schuldunfähigkeit „Mut" für die geplante Tat an)

H.M.: Versuchsbeginn schon mit dem Beginn der vorsätzlichen Herbeiführung der Schuldunfähigkeit (Vorverlegungs- und Werkzeugtheorie, 🗗 38)	**MM.:** Versuchsbeginn nach der Kombinationsformel (Ausnahme- und Ausdehnungstheorie)

Mittelbare Täterschaft (🔍 Hintermann gibt unvorsätzlichem Tatmittler ein tödliches Tatmittel)

H.M.: Versuchsbeginn schon mit Entlassung des Tatmittlers, wenn eine sofortige oder alsbaldige Tatausführung durch das Werkzeug (nach Vorstellung des Hintermannes) bevorsteht **(modifizierte Entlassungsformel)**; anderenfalls erst dann, wenn es aus der Sicht des Hintermannes zu einem unmittelbaren Ansetzen durch Vornahme der rechtsgutgefährdenden Handlung des Tatmittlers kommt.	**MM.:** Versuchsbeginn schon mit Abschluss der Einwirkungshandlung des Hintermannes auf das Werkzeug **(Einwirkungstheorie)**

Mittäterschaft (🔍 Mittäter hat seinen Beitrag im Vorbereitungsstadium erbracht)

H.M.: Der Versuch beginnt für alle Mittäter gleichzeitig erst dann, wenn auch nur einer von ihnen eine zum Gesamtplan gehörende Handlung vornimmt und damit nach der Vorstellung aller in das Ausführungsstadium eintritt **(Gesamtlösung)**.	**MM.:** Das unmittelbare Ansetzen wird für jeden der Beteiligten gesondert nach den allgemeinen Versuchsregeln bestimmt **(Einzellösung)**.

Rücktritt vom Versuch (1)

I. Reichweite und Rechtsgrund

- **§ 24 I** gilt für den allein handelnden Täter, auch wenn noch andere an der Tat beteiligt sind. Für letztere und für alle nicht allein agierenden Täter gilt § 24 II (☞ 63).

- § 24 gewährt als **persönlicher Strafaufhebungsgrund** Straffreiheit nur für Vorsatztaten. Die Strafbarkeit aus mitverwirklichten vollendeten Delikten bleibt unberührt (qualifizierter Versuch).

- Nach der herrschenden **Strafzwecktheorie** liegt der Grund für die Strafaufhebung beim Rücktritt gem. § 24 in der **geringeren Gefährlichkeit und Strafwürdigkeit** des freiwillig in die Legalität zurückkehrenden Täters. Ergänzender Gesichtspunkt: **Opferschutz** durch Aussicht des Täters auf Strafbefreiung.

II. Prüfungsaufbau, § 24 I

Unbeendeter Versuch, § 24 I 1 Alt. 1	Beendeter Versuch, § 24 I 1 Alt. 2	Beendeter Versuch, aber fehlende Verhinderungs- kausalität, § 24 I 2
1. Aufgeben der weiteren Tat	1. Kausale Verhinderung der Tatvollendung	1. Ernsthafte Verhinderungs- bemühungen
2. Freiwilligkeit	2. Freiwilligkeit	2. Freiwilligkeit

Rücktrittssituation:

⚠ Maßgeblich ist – spiegelbildlich zum unmittelbaren Ansetzen – immer die Sachverhaltssicht des Täters.

III. Fehlgeschlagener Versuch als Ausschlussgrund für jeden Rücktritt

Ein Fehlschlag schließt nach h.M. begrifflich die Möglichkeit der Tataufgabe oder Tatverhinderung aus. Dies gilt auch, wenn der Täter später von weiteren Handlungsmöglichkeiten Abstand nimmt (☞ 62).

> ➲ **Fehlgeschlagen** ist ein Versuch, wenn aus der Sicht des Täters nach der letzten von ihm vorgenommenen Ausführungshandlung die tatbestandliche Vollendung der geplanten Tat aus tatsächlichen Gründen unmöglich oder nur nach zeitlicher Zäsur oder nach erheblicher Änderung des Tatplans möglich ist.

▪ Ist die Vollendung für den Täter noch möglich, aber sinnlos, weil ein **außertatbestandliches anderes Ziel** nicht erreichbar oder bereits erreicht ist, liegt nach der Lit. ein Fehlschlag vor. Die Rspr. erkennt einen Fehlschlag wegen Sinnlosigkeit nicht an, solange aus Tätersicht die Vollendung des Tatbestandes noch möglich ist.

IV. Vorstellungsbild des Täters von der Wirksamkeit der Versuchshandlung

Welche Rücktrittshandlung der Täter zu erbringen hat, hängt – wenn er sich noch innerhalb derselben und noch nicht fehlgeschlagenen Versuchstat befindet – von seiner Vorstellung über die Wirksamkeit des bisher Getanen ab.

> ➲ **Unbeendet** ist der Versuch, solange der Täter aus seiner Sicht noch nicht alles zur Vollendung Erforderliche getan hat.

▪ Das dann notwendige **Aufgeben der Tat** verlangt keine **endgültige Abstandnahme**, wenn eine später geplante Tat zur ersten in Tatmehrheit, § 53, stehen würde. Der Rücktritt ist teilbar, d.h., der Täter muss nicht zwingend vom gesamten deliktischen Verhalten Abstand nehmen (🔍 Rücktritt vom Totschlagsversuch möglich trotz fortbestehenden Raubvorsatzes).

IV. Vorstellungsbild des Täters von der Wirksamkeit der Versuchshandlung (Fortsetzung)

⮑ **Beendet** ist der Versuch, wenn der Täter es für möglich hält (auch bei Gleichgültigkeit), dass der tatbestandliche Erfolg aufgrund der vorgenommenen Handlung(en) eintritt. Es genügt bloßes Gefahrbewusstsein des Erfolgseintritts; ein Erfolgswille ist nicht mehr erforderlich.

- Für die **Vollendungsverhinderung** ist erforderlich, aber auch ausreichend, dass der Täter eine tatsächlich rettende Kausalkette in Gang setzt. „Ernsthaft" i.S.v. § 24 I 2 muss die Bemühung dann nicht sein (h.M.).

- **Ernsthafte Verhinderungsbemühung** bei fehlender Verhinderungskausalität (einschließlich unerkannt untauglichem Versuch) i.S.d. § 24 I 2 bedeutet, dass der Täter alle subjektiv notwendigen Hilfsmaßnahmen ergreifen muss.

V. Freiwilligkeit

H.M.: Psychologische Theorie	M.M.: Normative Theorie
Wenn der Täter freiverantwortlich durch **autonome Gründe** zurücktritt, unabhängig von der sittlichen Billigung des Motivs (fehlt bei inneren Hemmungen und nachträglicher Risikoerhöhung).	Wenn der Täter zeigt, dass er in die Legalität zurückgekehrt ist: Rücktritt aus Reue, Mitleid oder Einsicht etc.

VI. Bestimmung der Rücktrittsgrenzen bei Verzicht auf weitere Handlungen

Nach **§ 24 I 1 Alt. 1** muss der Täter die **„weitere Ausführung der Tat aufgeben"**. Hat er eine oder mehrere aus seiner Sicht erfolgsgeeignete Handlungen vorgenommen und dann auf weitere aus seiner Sicht noch mögliche Handlungen verzichtet, so ist fraglich, ob diese Handlungsmöglichkeiten noch Teil des durch die erste Handlung begangenen Versuchs sind (dann könnte ggf. § 24 I 1 Alt. 2 noch erfüllbar sein) oder ob diese ganz neue Versuche darstellen (dann kann der Verzicht darauf auch kein Aufgeben des zurückliegenden Versuchs mehr sein).

🔎 A gibt B mit Tötungsvorsatz Gift, das dieser sofort erbricht. A könnte B noch erschlagen, sieht hiervon aber ab.

Heute ganz h.M.: Gesamtbetrachtungslehre	MM.: Einzelakttheorie
Maßgeblich ist die Vorstellung des Täters im Zeitpunkt des Innehaltens zwischen verwirklichten und noch nicht verwirklichten, aber aus Tätersicht noch möglichen Teilakten (**Rücktrittshorizont**).	Jede aus Sicht des Täters erfolgsgeeignete Handlung begründet nach ihrer Vornahme einen eigenständigen Versuch.
▪ Würden die vergangenen und zukünftigen Handlungen (ihre Ausführung unterstellt) aufgrund ihres räumlich-zeitlichen Zusammenhangs eine natürliche Handlungseinheit bilden, so befindet sich der Täter immer noch bei der Vornahme desselben Versuchs. Unschädlich sind:	Der Verzicht auf weitere Einzelakte gehört dann nicht mehr zu demselben, durch die erste Handlung begonnenen Versuch. Ein Aufgeben der „weiteren Tat" ist in solchen Fällen schlechthin ausgeschlossen.
– Etwaige Wechsel der Handlungsmittel	
– Zwischenzeitliche Änderung der Tätervorstellung (Entstehung des Rücktrittshorizonts nach Erkennen der Nichtvollendung und Korrekturen des Rücktrittshorizonts bzgl. Unbeendetheit oder Beendetheit des Versuchs)	
▪ Ist der Versuch für den Täter aber fehlgeschlagen (⊟ 60), ist auch ein Aufgeben der „weiteren" Tat nicht mehr möglich.	

VII. Rücktritt bei mehreren Beteiligten, § 24 II

Die Rücktrittsvoraussetzungen sind für jeden Beteiligten gesondert zu prüfen.

Vollendung der Tat nicht eingetreten, § 24 II 1	Vollendung der Tat nicht eingetreten, aber keine Verhinderungskausalität, § 24 II 2 Alt. 1	Vollendung eingetreten, aber unabhängig vom Tatbeitrag, § 24 II 2 Alt. 2
1. Kausale Verhinderung der Tatvollendung	1. Ernsthafte Verhinderungsbemühungen (⬚ 61)	1. Ernsthafte Verhinderungsbemühungen (⬚ 61)
2. Freiwilligkeit (⬚ 61)	2. Freiwilligkeit (⬚ 61)	2. Freiwilligkeit (⬚ 61)

- Bei jedem Beteiligten, für den der Versuch subjektiv ein Fehlschlag geworden ist, ist der Rücktritt ausgeschlossen.

- Das Gesetz unterscheidet nicht zwischen beendetem und unbeendetem Versuch.

- Ist der allein handelnde Täter durch freiwillige Abstandnahme von der Tat gem. § 24 I zurückgetreten, so genügt für die Straffreiheit der übrigen Tatbeteiligten nach § 24 II 1, dass sie mit dem Rücktritt des allein handelnden Täters einverstanden sind.

I. Arten und Unterschiede der Beteiligung

§§ 25–27 unterscheiden zwischen **Tätern (§ 25)** und **Teilnehmern (§§ 26, 27)**. Der Unterschied liegt darin, dass der Täter eine eigene Tat begeht, während der Teilnehmer nur an einer fremden Tat mitwirkt; seine Strafbarkeit ist deshalb vom Vorliegen der vorsätzlichen rechtswidrigen – nicht notwendig schuldhaften – Haupttat abhängig, sog. limitierte Akzessorietät. Bei **Verbrechen** ist schon der Versuch der Beteiligung im Zusammenhang mit Mittäterschaft oder Anstiftung strafbar (§ 30).

- Die Trennung zwischen Täterschaft und Teilnahme gilt nur für vorsätzliches Handeln. Beim **Fahrlässigkeitsdelikt** ist jeder Täter, der kausal, sorgfaltswidrig u. zurechenbar den Erfolg herbeigeführt hat **(Einheitstäter)**.

- Beteiligungsarten:

Täterschaft	Teilnahme	Vorstufe zum Verbrechen
1. Alleintäterschaft, § 25 I Alt. 1 („selbst")	1. Anstiftung, § 26 („bestimmen")	1. Sichbereiterklären/Verabredung zur Mittäterschaft/Anstiftung, § 30 II
2. Mittelbare Täterschaft, § 25 I Alt. 2 („durch einen anderen")	2. Beihilfe, § 27 („Hilfe leisten")	
3. Mittäterschaft, § 25 II („gemeinschaftlich")		2. (Ketten-)Anstiftung, § 30 I

- Keine eigene Täterschaftsform ist die **Nebentäterschaft**, bei der mehrere Personen als unmittelbare Täter handeln, ohne Mittäter zu sein.

⚠ Die unmittelbare oder Alleintäterschaft ist als Regelfall nicht besonders hervorzuheben.

⚠ Wegen der **Akzessorietät** der Teilnahme ist **Täterschaft stets vor Teilnahme** zu prüfen.

⚠ Dieselbe Person kann an der derselben Straftat in mehrfacher Weise beteiligt sein. Die Täterschaft verdrängt dann die schwächere Form der Teilnahme auf Konkurrenzebene (➡ 75).

II. Mindestvoraussetzungen jeder Täterschaft

1. Subjektqualität

Täter kann nicht sein, wem eine vom jeweiligen Straftatbestand vorausgesetzte Subjektqualität fehlt:

- Bei eigenhändigen Delikten ist eine höchstpersönliche Vornahme der Tathandlung erforderlich.

  🔎 „Führen" des Fahrzeugs bei §§ 315c, 316

- Bei Sonderdelikten muss die tatbestandlich umschriebene Sondereigenschaft vorliegen.

  🔎 „Unfallbeteiligter" in § 142; „Amtsträger" bei den Amtsdelikten

  ⚠ Beachte aber die Strafbarkeitsausdehnung in § 14 auf Vertreter.

- Sonstige auf das Subjekt bezogene Tatbestandsmerkmale müssen in der Person des Täters erfüllt sein.

  🔎 Wer seine eigene Sache wegnimmt, kann kein Täter des Diebstahls gem. § 242 I sein. Möglich ist ein Diebstahlsversuch oder Pfandkehr gem. § 289 I Alt. 1.

2. Verursachungsbeitrag

Wer keinen Verursachungsbeitrag zur Tatverwirklichung durch aktives Tun geleistet hat, kann auch kein Täter eines Begehungsdelikts sein. Möglich ist bei Erfolgsdelikten eine Unterlassungstäterschaft oder eine Beteiligung durch Unterlassen unter den Voraussetzungen von § 13 I.

III. Unmittelbare Täterschaft

Unmittelbarer Täter (oder auch: Einzeltäter) ist gem. **§ 25 I Alt. 1** jeder, der die Straftat „selbst begeht".

- Wer die **Tathandlung vollständig eigenhändig verwirklicht** hat, ist stets unmittelbarer Täter, auch wenn er dabei in fremdem Interesse gehandelt hat.

- Auch derjenige ist unmittelbarer Täter, der durch seine Handlung unvorsätzlich nur die Gelegenheit geschaffen hat, dass andere sich in die Deliktsverwirklichung eingeschaltet haben, sofern der objektive Zurechnungszusammenhang (⇨ 12–16) trotz der erfolgsvermittelnden Zweithandlung gewahrt bleibt (Lit.) und keine den Vorsatz ausschließende wesentliche Abweichung im Kausalverlauf vorliegt.

  🔍 A will B töten und verletzt ihn schwer. B kommt als Folge eines fahrlässigen Kunstfehlers des Notarztes N bei der Notoperation zu Tode. A ist unmittelbarer Täter eines vollendeten Totschlags, § 212 I. Dr. N ist Täter einer fahrlässigen Tötung, § 222.

⚠ Im Anwendungsbereich der unmittelbaren Täterschaft sind Ausführungen zur Tatherrschaft oder zum Täterwillen überflüssig. Hierauf kommt es erst an, wenn es darum geht, im Rahmen einer Vorsatztat die von einem anderen begangene unmittelbare Tathandlung einer Person zuzurechnen, die diese nicht vorgenommen hat, aber den unmittelbar Handelnden vorsätzlich zur Tatbestandsverwirklichung eingeschaltet hat.

IV. Mittäterschaft

1. Mittäter ist, wer mit einem oder mehreren anderen Tätern die Straftat „gemeinschaftlich" begeht, **§ 25 II**. Spezifische Voraussetzungen für jeden Mittäter:

- **Gemeinsamer Tatplan**, d.h. objektiver Konsens bzgl. arbeitsteiliger Tatverwirklichung
- **Mitverursachungsbeitrag** für die Tatausführung
- Bewertung der Rollenverteilung als gleichrangig täterschaftlich:

Objektive Theorie (h.Lit.)	Subjektive Theorie (Rspr.)
Täter ist, wer objektiv das „Ob" und „Wie" der Tatbestandsverwirklichung beherrscht. Bei der Mittäterschaft ist dafür **„funktionale Tatherrschaft"** erforderlich. Innerhalb dieser Lehre ist nach MM. Tatherrschaft nur auf die Tatausführung selbst beschränkt, während nach h.M. Mittäterschaft durch jeden erheblichen Tatbeitrag vom Vorbereitungsstadium bis zur Beendigung begründet werden kann.	Täter ist, wer (irgend-)einen Tatbeitrag mit **Täterwillen** geleistet hat. Indizien für den Täterwillen sind: – Tatherrschaft (oder zumindest Wille dazu), identisch mit dem weiten Tatherrschaftsverständnis der h.M. (heute vorrangiges Kriterium, deshalb selten divergierende Ergebnisse zur objektiven Theorie) – Grad und Umfang der Tatbeteiligung – Interesse am Taterfolg

- Wille zur gemeinschaftlichen Tatausführung

2. Erscheinungsformen der Mittäterschaft nach h.M.:

- Additive Beiträge bei der Tatausführung oder durch Mitwirkung im Vorbereitungsstadium
- Alternative Tatausführung
  - 🔎 A und B lauern an verschiedenen Orten dem Opfer auf, nur einer muss die Tötungshandlung vornehmen.
- Sukzessive Mitwirkung durch nachträglichen Tateinstieg (vor Beendigung der Tat), sofern zu diesem Zeitpunkt das Tatgeschehen noch mitgestaltet werden kann.

IV. Mittäterschaft (Fortsetzung)

3. Mittäterschaft durch Unterlassen in Abgrenzung zur Beihilfe durch Unterlassen

Anstelle der objektiven Theorie (Tatherrschaft) oder der subjektiven Theorie (Täterwille) wird im Schrifttum die **Garantenstellung** allein als täterschaftsbegründend angesehen, nämlich:

- Generell, so die Lehre von den Pflichtdelikten.
- Bei Beschützergaranten, so die Garantentheorie.

4. Bei Tatausstieg des Mittäters im Vorbereitungsstadium entfällt dessen Strafbarkeit nur ausnahmsweise:

- wenn die Kausalität für Vollendung oder Versuch beseitigt wird.
- wenn er vor Versuchsbeginn keinen Vorsatz mehr für die spätere Tatausführung besitzt.
- wenn die spätere Tat in ihrer konkreten Gestalt im Verhältnis zum ursprünglichen Tatplan ein aliud darstellt und daher nicht mehr subjektiv zurechenbar ist.

V. Mittelbare Täterschaft

1. Mittelbarer Täter ist, wer die Tat **„durch einen anderen"** begeht, § 25 I Alt. 2. Spezifische Voraussetzungen:

- Unmittelbare Tatausführung durch die Handlung eines anderen Menschen
- Verursachungsbeitrag des Hintermanns zu der Fremdhandlung durch Tatveranlassung oder -förderung
- Mittelbar-täterschaftliche Steuerung der Fremdhandlung durch den Hintermann (und Vorsatz diesbezüglich)

V. Mittelbare Täterschaft (Fortsetzung)

Objektive Theorie (h.Lit.)	Subjektive Theorie (Rspr.)
Täter ist, wer objektiv das „Ob" und „Wie" der Tatbestandsverwirklichung beherrscht. Bei der mittelbaren Täterschaft ist dafür **„Willensherrschaft"** erforderlich. Nach MM. endet diese bei volldeliktisch handelndem Vordermann. Nach h.M. kann mittelbare Täterschaft auch bei einem volldeliktisch handelnden Vordermann durch eine normative, psychologische oder organisatorische Überlegenheit begründet werden.	Täter ist, wer (irgend-)einen Tatbeitrag mit **Täterwillen** leistet. Indizien für den Täterwillen sind: – Tatherrschaft (oder zumindest Wille dazu) identisch mit dem weiten Tatherrschaftsverständnis der h.M. (vorrangiges Kriterium, deshalb selten divergierende Ergebnisse) – Grad und Umfang der Tatbeteiligung – Interesse am Taterfolg

2. Erscheinungsformen der mittelbaren Täterschaft nach h.M.

- Mittelbare Täterschaft nach dem **Verantwortungsprinzip:**
  - Unvorsätzliches, gerechtfertigtes, entschuldigtes Werkzeug
  - Nach h.M. auch objektiv-tatbestandslose und absichtslose, aber vorsätzliche („dolose") Werkzeug-Gehilfen

- Fallgruppen des **Täters hinter dem Täter:**
  - Ausnutzen eines vermeidbaren Verbotsirrtums (🔍 Katzenkönig-Fall)
  - Ausnutzen von Organisationsherrschaft (🔍 Schreibtischtäter-Fall)
  - Manipulierter error in persona (🔍 Dohna-Fall), str., eher abzulehnen

VI. Teilnahme

Strafgrund der Teilnahme ist nach h.M., dass der Teilnehmer einen eigenen Rechtsgutangriff begeht, der aber in seiner Wirksamkeit von der Haupttat abhängig ist (**Förderungstheorie**).

1. Prüfungsaufbau des Teilnehmerdelikts

	Anstiftung, § 26	Beihilfe, § 27
Objektiver Tatbestand	**Vorsätzliche rechtswidrige Haupttat** ■ Das Vorliegen einer Haupttat (Versuch genügt) ist i.d.R. zuvor zu prüfen (Täter vor Teilnehmer). ■ Das Rechtsgut der Haupttat muss auch vor Angriffen des fraglichen Teilnehmers geschützt sein. ■ Gem. § 11 II sind auch Vorsatz-Fahrlässigkeits-Kombinationen (⊟ 51, 52) ausreichend. ■ Schuldhaftes Handeln des Vordermanns ist nicht erforderlich (**limitierte Akzessorietät**).	
	Bestimmen ■ Hervorrufen des Tatentschlusses beim Haupttäter durch (h.M.) aktive psychische Beeinflussung	**Hilfe leisten** ■ Fördern der Haupttat durch physische oder psychische Unterstützung
Subjektiver Tatbestand	**Vorsatz hinsichtlich der Haupttatbegehung** ■ Der Teilnehmer muss mindestens dolus eventualis hinsichtlich aller Tatbestandsmerkmale sowie der Rechtswidrigkeit besitzen. ■ In der Vorstellung des Teilnehmers muss das Haupttatgeschehen zumindest umrisshaft individualisiert sein. ■ Der Teilnehmer muss den Erfolg der Haupttat wollen (⊟ 71).	
	Vorsatz hinsichtlich Teilnehmerbeitrag ■ Bzgl. „**Bestimmen**" bzw. „**Hilfe leisten**" mindestens dolus eventualis	
Tb.-Verschiebung	§ 28 II bei strafändernden besonderen persönlichen Merkmalen (⊟ 74)	

VI. Teilnahme (Fortsetzung)

2. Agent provocateur

- Zum Teilnehmervorsatz gehört auch der Erfolgswille. Will es der Tatveranlasser allenfalls zum **Versuch der Haupttat** kommen lassen, fehlt ihm als agent provocateur der Teilnehmervorsatz.
- Gleiches gilt nach h.M., wenn der Teilnehmer zwar Vollendungsvorsatz hat, aber einen irreparablen Schaden für das jeweilige Rechtsgut verhindern will.
- Beim Haupttäter lässt die Tatprovokation die Strafbarkeit grds. unberührt; nur bei extremer rechtsstaatswidriger Tatprovokation soll nach der Rspr. ein Strafverfolgungshindernis entstehen.

3. omnimodo facturus und Umgestaltung des Tatplans

- Wer **zur Tat fest entschlossen** ist (= omnimodo facturus), kann nicht mehr angestiftet werden. Denkbar ist dann nur noch (psychische) Beihilfe. Wird der omnimodo facturus zu einer Tatänderung angestiftet, so gilt:

„Umstiftung"	„Abstiftung"	„Aufstiftung"
➲ Anstiftung zu einem völlig neuen Delikt oder zu einer Tat desselben Delikts, aber mit völlig anderem Tatgepräge	➲ Der zur Begehung eines qualifizierten Delikts Entschlossene wird zu einer weniger schweren Tat ohne Qualifikation veranlasst.	➲ Der zum Grunddelikt Entschlossene wird zu einer Qualifikation angestiftet.
↓		↓
§ 26 bzgl. der neuen Tat (+)	↓	Str., nach h.M. § 26 bzgl. Qualifikation (+) wg. Erhöhung des Unwertgehalts
	§ 26 bzgl. abgeschwächter Tat (–), da als Minus im bereits vorhandenen Täterwillen enthalten; ggf. § 27; evtl. aber auch straflos wegen Risikoverringerung oder gem. § 34	

VII. Vorstufen der Tatbeteiligung, §§ 30, 31

§ 30 stellt konspirative Bindungen zwischen Anstifter und Alleintäter sowie zwischen Mittätern unter Strafe, wenn diese auf zukünftige **Verbrechen** gerichtet sind.

⚠ Nicht strafbar sind „versuchte Beihilfe", „Verabredung zur Beihilfe" und „versuchte mittelbare Täterschaft" (ggf. hier aber untauglicher Versuch, wenn der vorgestellte Tatmittler aus der Sicht des Hintermannes unmittelbar zur Tatbegehung angesetzt hat (⌦ 57 f.).

1. Bezugstat

■ Nach der Vorstellung der Beteiligten zukünftige, in tatsächlicher Hinsicht bereits konkretisierte Tat, die die Voraussetzungen eines Verbrechens **(§ 12 I)** erfüllen muss.

⚠ Ausnahme: § 159; gilt aber nur für versuchte Anstiftung, nicht für Kettenanstiftung (str.) oder Sichbereiterklären.

■ Nach umstr. Rspr. soll § 28 II (⌦ 74) bei versuchter Anstiftung für die Einordnung aus Bezugstat keine Bedeutung haben.

■ Wurde die geplante Tat später versucht oder vollendet, tritt § 30 als subsidiär zurück.

VII. Vorstufen der Tatbeteiligung, §§ 30, 31 (Fortsetzung)

2. Beteiligungsvarianten

Anstiftung	Täterschaft
a) Versuch der Anstiftung, § 30 I 1 Alt. 1 ■ Erfolgloses Bestimmen ■ Auch: Erfolgreiches Bestimmen, aber keine spätere – auch nur versuchte – Haupttat ⚠ Soll der Anstifter selbst das Opfer der späteren Tat sein, ist die versuchte Anstiftung für diesen straflos, weil eigene Rechtsgüter vor ihm nicht geschützt sind.	a) Sichbereiterklären zur Tatbegehung, § 30 II Alt. 1 ■ Annahme der Anstiftung ■ Sicherbieten ⚠ Sicherbieten ist auch gegenüber dem geplanten Opfer strafbar
b) Versuch der Anstiftung zur Anstiftung (Kettenanstiftung), § 30 I 1 Alt. 2 c) Annahme des Erbietens, § 30 II Alt. 2 Hier geht die Initiative vom Tatgeneigten aus d) Sichbereiterklären/Verabredung zur Anstiftung, § 30 II Var. 1/3	b) Verabredung zur (mittäterschaftlichen) Begehung, § 30 II Var. 3 ⚠ Soll oder will nur einer der Beteiligten Täter sein und der andere nicht, ist der zukünftige Täter wegen Sichbereiterklärens strafbar.
Vorsatz zur späteren Tatausführung und zu der von § 30 erfassten Handlung	
Rücktritt gem. § 31 I Nr. 1/Nr. 3 Alt. 2, II	Rücktritt gem. § 31 I Nr. 2

VIII. Bedeutung des § 28 für Mittäter und Teilnehmer

§ 28 regelt die Folgen bei Unterschieden zwischen Beteiligten bei **persönlichen** Merkmalen.

⮞ Persönlich sind solche Merkmale, die Eigeschaften, Verhältnisse oder eine höchstpersönliche Sonderpflicht kennzeichnen.

🔎 Mordmerkmale der 1. und 3. Gruppe bei § 211; Amtsträgereigenschaft

■ Tatbezogene Merkmale kennzeichnen das sachliche Unrecht der Tat. Das können auch subjektive Tatbestandsmerkmale sein. Für tatbezogene Merkmale gilt nicht § 28, sondern es genügt die Kenntnis, § 16.

🔎 Mordmerkmale der 2. Gruppe bei § 211; Zueignungsabsicht, § 242

■ Soweit § 28 anwendbar ist, ist zu differenzieren:

Strafbegründende Merkmale: § 28 I	Strafmodifizierende Merkmale: § 28 II
🔎 Garantenstellung, § 13 I (str.), Vermögensbetreuungspflicht, § 266	🔎 Anvertrautsein der unterschlagenen Sache, § 246 II, Bandenmitgliedschaft, § 244 I Nr. 2
Folge: Wenn nur beim Täter gegeben, ist ein Teilnehmer, der das Merkmal in der Person des Haupttäters kennt, gleichwohl akzessorisch strafbar, aber mit obligatorischer Strafmilderung.	Folge: Wenn nur bei einem Beteiligten gegeben, findet für diesen eine Veränderung der akzessorischen Haupttat statt: Schuldspruch aus dem Delikt, das sich ergibt, je nachdem ob das Merkmal in der fraglichen Person erfüllt oder nicht erfüllt ist.
Prüfung: Nach der Schuld, weil Strafzumessungsregel	Prüfung: Nach Verneinung neuer Gliederungspunkt und Tatbestandswahl nach dem Delikt, das ohne bzw. mit dem persönlichen Merkmal vorläge.

IX. Beteiligungskombinationen und Teilnahmeketten

- Die Zurechnungsregeln des § 25 II und des § 25 I Alt. 2 für fremde Handlungen gelten auch bei der Teilnahme (erst-recht-Schluss).

  - Gemeinschaftliche Anstiftung oder Veranlassung eines Schuldunfähigen zu dessen Beihilfe

- Mehrere Teilnahmehandlungen können hintereinandergeschaltet sein. Die schwächere Teilnahmeform bestimmt dann die Natur der Teilnahmekette insgesamt.

  - Beihilfe zur Anstiftung = Beihilfe zur Haupttat
    Anstiftung zur Beihilfe = Beihilfe zur Haupttat

- Ist dieselbe Person an demselben Delikt mehrfach beteiligt, so verdrängt die stärkere Beteiligungsform die schwächere als subsidiär:

I. Allgemeines

Irrtum ist jede Nichtübereinstimmung zwischen Tätervorstellung und Wirklichkeit. Für die strafrechtliche Behandlung können Irrtümer zunächst nach „Unkenntnis" und „irriger Annahme" von Merkmalen unterschieden werden.

```
              ┌──────────────┐
              │   Irrtum     │
              └──────────────┘
        ┌─────────────┴─────────────┐
```

Unkenntnis, d.h., der Täter weiß nicht, dass er obj. ein Merkmal verwirklicht.

Irrige Annahme, d.h., der Täter glaubt nur, er verwirliche ein Merkmal.

🔎 X hält die anvisierte Vogelscheuche für einen Menschen: Irrige Annahme des Merkmals „Mensch" bezogen auf § 212; Unkenntnis des Merkmals „Sache" bezogen auf § 303.

Zweites Unterscheidungskriterium ist die Ursache des Irrtums, die entweder auf der Fehlvorstellung über Tatsachen beruht oder auf der falschen rechtlichen Bewertung von bekannten Tatsachen.

```
              ┌──────────────┐
              │   Irrtum     │
              └──────────────┘
        ┌─────────────┴─────────────┐
```

Tatsachenirrtum, d.h., der Täter unterliegt einer Fehlvorstellung über tatsächliche Umstände.

🔎 X weiß nicht, dass das Opfer noch lebt.

Rechtsirrtum, d.h., der Täter wertet ihm bekannte Tatsachen rechtlich falsch.

🔎 X glaubt, jede Gebrauchsanmaßung sei strafbar.

I. Allgemeines (Fortsetzung)

Die Folgen von Irrtümern sind im Strafrecht nur lückenhaft geregelt:

```
                              Irrtum
        ┌────────────────────────┴────────────────────────┐
     Unkenntnis                                      Irrige Annahme
   ┌──────┴──────┐                                ┌──────┴──────┐
```

von tb.-lichen Umständen	Unrecht zu tun	von tb.-lichen Umständen	Unrecht zu tun
§ 16 I: Ausschluss der Vorsatztat; beruhte der Irrtum auf Fahrlässigkeit, so kann hieraus bestraft werden, sofern ein entsprechender Fahrlässigkeitstatbestand existiert.	**§ 17:** Verbotsirrtum; bei Unvermeidbarkeit des Irrtums mangels Schuld keine Bestrafung; bei Vermeidbarkeit lediglich Strafmilderung möglich (⊟ 43)	**Strafbarer untauglicher Versuch** bei Tb.-Merkmalen, § 22 (⊟ 55)	**Strafloses Wahndelikt**

> **„Umstände" i.S.v. § 16 sind**
> – bei deskriptiven Merkmalen alle **Tatsachen** des konkreten Lebenssachverhalts, die das jeweilige Merkmal ausfüllen
> – bei normativen Merkmalen zusätzlich zur Tatsachenkenntnis eine dem rechtlichen Gehalt des Merkmals entsprechende, wenn auch nur vereinfachte Bedeutungskenntnis (= **Parallelwertung in der Laiensphäre**; ⊟ 17)

⚠ Auch ein Rechtsirrtum kann also zum Tatbestandsirrtum führen, wenn er bewirkt, dass der Täter nicht mehr die richtige Parallelwertung für das Merkmal besitzt.

Für die Rechtsfolgen von Irrtümern ist zu differenzieren, auf welche Merkmale im Deliktsaufbau (Tb., Rw., Schuld) sich der Irrtum bezieht.

II. Irrtum auf Tatbestandsebene, Bezugspunkt: Tatsächliche Umstände

	Irrige Annahme tatsächlicher Umstände	Unkenntnis tatsächlicher Umstände
Deskriptive Merkmale	§ 22, Versuch	§ 16 I: Vorsatzausschluss (ggf. Fahrlässigkeitstat)
Normative Merkmale	§ 22, Versuch, wobei zur Kenntnis der tatsächlichen Umstände auch die Kenntnis des ungefähren Bedeutungsgehalts eines Tb.-Merkmals gehört	§ 16 I: Vorsatzausschluss (ggf. Fahrlässigkeitstat)
Qualifizierende Merkmale	Bestrafung aus Grund-Tb. in Tateinheit mit Versuch der Qualifikation 🔎 § 246 I in Tateinheit mit §§ 246 II, 22, 23 I	§ 16 I: Vorsatzausschluss bzgl. Qualifikation; Bestrafung nur aus Grunddelikt
Erfolgsqualifizierende Merkmale	Nach h.M. Versuch des erfolgsqualifizierten Delikts in Tateinheit mit vollendetem oder versuchtem Grunddelikt	Unbeachtlich, wenn hinsichtlich schwerer Folge Fahrlässigkeit gem. § 18 (nach Fassung des Tb. Leichtfertigkeit) vorlag.
Privilegierende Merkmale	§ 16 II: Bestrafung aus Privilegierung ⚠ § 16 II überwindet das Fehlen des obj. Tb. 🔎 § 216	Str., bei Tb.-Merkmalen (🔎 § 216) Bestrafung nur aus Grunddelikt
Kausalverlauf, wesentliche Faktoren	§ 22, Versuch	§ 16 I: Vorsatzausschluss (ggf. Bestrafung aus Fahrlässigkeitstat)
Kausalverlauf, unwesentliche Faktoren	Unbeachtlich	Unbeachtlich

III. Irrtum auf Tatbestandsebene, Bezugspunkt: Zielverfehlung

1. Error in persona vel in obiecto

⮕ Beim error in persona vel in obiecto irrt der Täter über die **Identität des anvisierten und auch getroffenen Objekts** (Verwechslung).

🔎 X schießt in der Dämmerung ohne Grund auf einen Hund, den er für das Tier seines Nachbarn hält; tatsächlich tötet X seinen eigenen Hund.

Die Fehlidentifikation muss nicht auf einer Verwechslung des unmittelbar sinnlich wahrgenommenen Objekts/Opfers beruhen. Möglich ist auch, dass sie auf fehlerhafter Zuordnung zu einem bestimmten Gegenstand beruht.

🔎 „Derjenige, der in dieses Auto steigt, muss das Opfer sein!"

Die Beachtlichkeit dieses Irrtums hängt davon ab, ob das betroffene und das vorgestellte Tatobjekt tatbestandlich **gleichartig** sind.

Tatobjekte sind tatbestandlich gleichartig	Tatobjekte sind tatbestandlich ungleichartig
So im ersten Beispiel in Bezug auf § 17 Nr. 1 TierSchG, da beide Hunde „Wirbeltiere" i.S.d. Gesetzes sind	So im Beispiel in Bezug auf § 303 I, da nur der Hund des Nachbarn für X „fremd" ist
Irrtum ist **als bloßer Motivirrtum unbeachtlich**, kein Vorsatzausschluss	**Irrtum ist beachtlich**, d.h. Bestrafung aus (untauglichem) Versuch am gewollten Objekt und ggf. Fahrlässigkeitstat am getroffenen Objekt
Im Beispiel Bestrafung gem. § 17 Nr. 1 TierSchG (+)	Im Beispiel § 303 I am eigenen Hund (–), da objektiv keine fremde Sache; §§ 303 I, III, 22 bzgl. des Hundes des Nachbarn (+)

III. Irrtum auf Tatbestandsebene, Bezugspunkt: Zielverfehlung (Fortsetzung)

2. Aberratio ictus

➲ Bei der aberratio ictus tritt der Erfolg aufgrund eines **abweichenden Kausalverlaufs** nicht am anvisierten, sondern an einem anderen Objekt ein, bzgl. dessen der Täter nicht einmal Eventualvorsatz hatte.
Nach herrschender **Konkretisierungstheorie Vorsatzausschluss**
Nach der sog. Gleichwertigkeitstheorie ist der Irrtum bei rechtlicher Gleichartigkeit des verletzten und gewollten Tatobjekts unbeachtlich.

🔍 X schießt in der Dämmerung ohne Grund auf seinen Hund. Die Kugel prallt aber am Baum ab und trifft den daneben stehenden Hund des Nachbarn.

Tatobjekte sind tatbestandlich gleichartig	Tatobjekte sind tatbestandlich ungleichartig
Im Beispiel in Bezug auf § 17 Nr. 1 TierSchG („Wirbeltier")	Im Beispiel in Bezug auf § 303 I („fremd" ist nur der Hund des Nachbarn)
Nach Konkretisierungstheorie gem. § 16 Vorsatzausschluss, ggf. Bestrafung aus **Versuch am anvisierten Objekt und Fahrlässigkeitstat am getroffenen Objekt**. Nach Gleichwertigkeitstheorie Bestrafung aus vollendeter Vorsatztat.	Nach allg. Ansicht keine Bestrafung aus vollendeter Vorsatztat, ggf. **Bestrafung aus Versuch am anvisierten Objekt und Fahrlässigkeitstat am getroffenen Objekt**
Im Beispiel § 17 Nr. 1 TierSchG (–) mangels Vorsatz; Versuch und fahrlässige Begehung (–), da straflos	Im Beispiel § 303 I (–) mangels Vorsatz; §§ 303 I, III, 22 bzgl. des eigenen Hundes (–); fahrlässige Sachbeschädigung am Hund des Nachbarn straflos

IV. Irrtum auf Tatbestandsebene, Bezugspunkt: rechtliche Fehlbewertung bei zutreffender Sachverhaltskenntnis

Irrige Annahme des Beteiligten, er habe einen tatsächlich nicht existierenden Straftatbestand erfüllt	Unkenntnis davon, dass ein Verhalten tatbestandlich ist
Rechtsfolge: **Strafloses Wahndelikt** 🔍 X meint, man mache sich schon bei bloßem Zahlungsverzug strafbar	Rechtsfolge: § 17 🔍 X meint, betrunken Fahrrad zu fahren, sei in jedem Fall straflos.
Irrige Annahme des Beteiligten, er habe einen tatsächlich existierenden Straftatbestand erfüllt	Unkenntnis der Verwirklichung einer Strafnorm
Rechtsfolge str.: Nach h.M. (Umkehrung der Lehre von der Parallelwertung) **untauglicher Versuch**, wenn der Beteiligte die Strafnorm laienhaft richtig verstanden hat; a.A. stets Wahndelikt 🔍 Irrige Annahme, auch vor einem StA einen Meineid leisten zu können	Rechtsfolge: Bei laienhaft richtiger Parallelwertung kein Vorsatzausschluss; ggf. Verbotsirrtum 🔍 Der Täter weiß nicht, dass man auch vor einem Ermittlungsrichter einen Meineid begehen kann.

V. Irrtum auf Rw.-Ebene, Bezugspunkt: tatsächliche Umstände

Irrige Annahme von Umständen, bei deren Vorliegen der Täter gerechtfertigt wäre	Unkenntnis der objektiven rechtfertigenden Umstände
🔍 X glaubt, Passantin P werde von Y geschlagen und schleudert Y zu Boden. In Wirklichkeit haben P und Y nur ein Theaterstück geprobt.	🔍 X schießt auf B aus Rache, bemerkt aber nicht, dass B gerade im Begriff war, O zu töten.
Erlaubnistatbestandsirrtum	**Fehlendes subjektives Rechtfertigungselement**
Rechtsfolge str.:	Unkenntnis der Rechtfertigungslage oder Fehlen des erforderlichen Rechtfertigungswillens:
Lehre von neg. Tb.-Merkmalen und Unrechtstheorien: § 16 (analog), keine Bestrafung aus Vorsatztat, allenfalls wg. fahrlässiger Begehung, wenn der Täter sorgfaltswidrig geirrt hat.	**Lit.: Bestrafung nur als Versuch** (soweit strafbar), da Erfolgsunwert zwar wegfällt, aber Handlungsunrecht bleibt; bei Fahrlässigkeitstat straflos
Rechtsfolgenverweisende eingeschränkte Schuldtheorie: § 16 nur in seinen Rechtsfolgen, d.h. keine Bestrafung aus Vorsatztat, aber die Tat bleibt vorsätzlich i.S.d. StGB (wichtig z.B. für die Strafbarkeit von Teilnehmern, §§ 26, 27); ggf. Fahrlässigkeitstat	**Rspr.: Rechtswidrigkeit der Tat**
Strenge Schuldtheorie: Behandlung wie Verbotsirrtum nach **§ 17**, da in den beiden Fällen das Unrechtsbewusstsein fehle	

VI. Irrtum auf Rechtswidrigkeitsebene, Bezugspunkt: rechtliche Bewertung

Irrige Annahme des Beteiligten, er sei durch einen (in Wirklichkeit nicht existierenden oder für die konkrete Tat nicht eingreifenden) Rechtfertigungsgrund gerechtfertigt	Trotz Verteidigungswillens Unkenntnis davon, dass für das Verhalten ein Rechtfertigungsgrund eingreift
§ 17 in Form des sog. Erlaubnisirrtums	**Strafloses Wahndelikt**
🔍 X meint, als Bürger sei er zur Festnahme eines entwichenen Strafgefangenen befugt.	🔍 X meint, die Tötung eines Einbrechers könne in keinem Fall durch Notwehr gerechtfertigt sein.

VII. Weitere Irrtumskonstellationen

- Allein die objektive Lage entscheidet bei folgenden Bezugspunkten, sodass Irrtümer unbeachtlich sind:

  – Eigene Schuldfähigkeit

  – Prozessvoraussetzungen (🔎 § 247)

  – Objektive Bedingungen der Strafbarkeit

    🔎 § 113: Rechtmäßigkeit der Diensthandlung, § 231: Tod oder schwere Körperverletzung eines Menschen durch die Schlägerei

    ⚠ Zum Teil greifen Sonderregelungen für Irrtümer ein (🔎 § 113 IV, § 136 IV).

- Kennt der Täter die tatsächlichen Voraussetzungen eines Entschuldigungsgrundes nicht, greift der Entschuldigungsgrund nicht ein.

  🔎 A weiß nicht, dass der Begünstigte bei § 35 sein Angehöriger ist.

- Nimmt der Täter irrig entschuldigende Umstände an, greift § 35 II: Straflosigkeit nur bei Unvermeidbarkeit.

  🔎 A nimmt irrig an, der Begünstigte bei § 35 sei sein Angehöriger.

- Irrt der Täter über tatsächliche Voraussetzungen von Strafausschließungs- oder Strafaufhebungsgründen, so entscheidet – jedenfalls bei solchen, die einer besonderen Konfliktlage des Täters Rechnung tragen – allein die Vorstellung des Täters.

  🔎 Irrige Annahme drohender Strafverfolgung bei §§ 157, 258 V, VI.

I. Error in persona vel in obiecto beim Tatnächsten

Unterliegt der Tatnächste einem error in persona vel in obiecto, ist dieser für ihn bei rechtlicher Gleichartigkeit von vorgestelltem und tatsächlichem Objekt unbeachtlich (⏎ 79). War dieser Irrtum für einen Tatbeteiligten ungewollt, ergeben sich für diesen folgende Konsequenzen:

Mittäter	Mittelbarer Täter	Anstifter (Rose-Rosahl-Fall)
MM.: Nicht zurechenbarer Exzess jedenfalls dann, wenn irrtümlich Mittäter verletzt wird H.M.: Unbeachtlich, soweit Handlung innerhalb des gemeinsamen Tatplans lag.	MM.: Wie aberratio ictus (also nur Versuch und Fahrlässigkeitstat) H.M.: Unbeachtlich, wenn Tatmittler Konkretisierungsmöglichkeit hat; sonst aberratio ictus	MM.: Aberratio ictus; str., ob dann Anstiftung zum Versuch oder versuchte Anstiftung (§ 30) H.M.: Keine aberratio ictus, sondern Behandlung nach allg. Kausalabweichungsregeln (i.d.R. unbeachtlich)

II. Irrtum über eigene Tatrolle

Beteiligter ist obj. mittelbarer Täter, subj. Anstifter	Beteiligter ist objektiv Anstifter, subj. mittelbarer Täter	Bloß vorgestellte Mittäterschaft oder mittelbare Täterschaft
Mittelbare Täterschaft (−) Anstiftung mangels vorsätzl. rw. Haupttat des Vordermannes (−)	MM.: § 26 (−), wenn Beteiligter einen anderen zu dessen unvorsätzlicher Tat bestimmen will H.M.: Bestrafung als Anstiftung, da der Teilnahmewillen als „Minus" im Täterwillen enthalten ist ⚠ Gilt nicht bei §§ 153 ff.	MM.: Bloße Einbildung der Zurechnungsvoraussetzungen des § 25 II ist nicht als Versuch erfassbar. H.M.: Irrige Annahme der Zurechnungsvoraussetzungen des § 25 II begründet untauglichen Versuch, sofern es aus Sicht des Irrenden zum unmittelbaren Ansetzen gekommen ist.

Konkurrenzen sind zu bilden, wenn ein Beteiligter aus mehreren selbstständigen gleichartigen oder ungleichartigen Delikten strafbar ist. ⚠ Keine Frage der Konkurrenzen, sondern des jeweiligen Tb. sind tb.-liche Bewertungseinheiten (🕮 86).

Prüfungsschema bei Konkurrenzen

I.   Vorprüfung: Liegen mehrere selbstständige (gleichartige oder ungleichartige) Gesetzesverletzungen vor? (🕮 86) – Wenn ja, weiterprüfen:

II. Sind diese durch **dieselbe Handlung** verwirklicht worden? (🕮 86)

- Handlung im natürlichen Sinne
- Natürliche Handlungseinheit
- Überschneidungen mit rechtl. Handlungseinheiten
- Klammerwirkung

Soweit ja:	Soweit nein:
III. Liegt **Gesetzeskonkurrenz** vor? (🕮 87)	III. Liegt **Gesetzeskonkurrenz** vor? (🕮 87)
- Spezialität - Subsidiarität - Mitbestrafte Begleittat (Konsumtion)	- Mitbestrafte Nachtat - Mitbestrafte Vortat

Soweit ja:	Soweit nein:	Soweit ja:	Soweit nein:
Keine Berücksichtigung der zurücktretenden Delikte im Schuldspruch u. bei der Strafzumessung	**Tateinheit, § 52**	Keine Berücksichtigung der zurücktretenden Delikte im Schuldspruch u. bei der Strafzumessung	**Tatmehrheit, § 53**

I. Scheinbare und tatsächliche Mehrheit von Gesetzesverstößen

- Schon im Tatbestand ist zu klären, ob scheinbar mehrere Gesetzesverletzungen nicht lediglich Teilakte einer einheitlichen Gesetzesverletzung sind, sog. **tatbestandliche Bewertungseinheit:**
  - Dauerdelikte (🔎 § 239)
  - Mehraktige, zusammengesetzte Delikte (🔎 § 249)
  - Unselbstständige Deliktsintensivierungen (🔎 A ohrfeigt B mehrfach hintereinander)

II. Ausführungsidentität oder zumindest Überschneidung der Ausführungshandlungen

- **Eine** Handlung liegt vor bei:

Handlung im natürlichen Sinne	natürlicher Handlungseinheit	Klammerwirkung	Überschneidungen mit rechtl. Handlungseinheiten
• Ein Handlungsentschluss führt zu einer Willensbetätigung.	• Ein einheitlicher Willensentschluss führt zu einem Tätigwerden, das bei natürlicher Betrachtungsweise als einheitliches Geschehen erscheint (str.).	• Zwei selbstständige Delikte überschneiden sich in ihren Ausführungshandlungen mit einem dritten, wertgleichen Delikt.	• Ein Delikt deckt sich mit dem Teilakt einer rechtlichen Handlungseinheit (insbes. mit Dauerdelikten oder mehraktigen Delikten).
🔎 Ein Bombenanschlag tötet mehrere Menschen.	🔎 Verschiedene Deliktsverwirklichungen während einer Unfallflucht	🔎 Während der Freiheitsberaubung (§ 239) vergewaltigt der Täter das Opfer (§ 177) und tötet es später (§ 211). Verklammerung durch § 239 IV.	🔎 A schlägt das Opfer (§ 223), um es dann auszurauben (§ 249).
	⚠ Bei Verletzung höchstpersönlicher Rechtsgüter nur, wenn derselbe Rechtsgutträger verletzt		

III. Gesetzeskonkurrenz

■ Liegt **eine Handlung** vor, kann ein Delikt aus folgenden Gründen zurücktreten:

Spezialität	Subsidiarität	mitbestrafte Begleittat
➲ Wenn ein Tatbestand (lex specialis) alle Merkmale eines anderen Tatbestandes (lex generalis) und mindestens ein weiteres Merkmal enthält.	➲ Wenn ein Gesetz ggü. einem anderen nur hilfsweise zur Anwendung gelangt.	➲ Wenn keine Spezialität oder Subsidiarität, aber durch die Bestrafung aus dem einen Delikt die andere Deliktsverwirklichung mit abgegolten ist.
🔍 Jede Qualifizierung (§ 224) im Verhältnis zum Grund-Tb. (§ 223)	🔍 § 246 I ggü. § 242 (in § 246 formell angeordnet); Versuch ggü. Vollendung	🔍 § 242 am Benzin ggü. § 248 b beim unbefugten Kfz-Gebrauch

■ Liegen **mehrere Handlungen** vor, kann ein Delikt zurücktreten, wenn:

mitbestrafte Vortat	mitbestrafte Nachtat
➲ Die frühere Deliktsverwirklichung wird vom Unrechtsgehalt des späteren Tuns umfasst.	➲ Die spätere Deliktsverwirklichung wird vom Unrechtsgehalt des früheren Tuns umfasst.
🔍 Nach vorgefasstem Plan betäubt A den B (§ 223), entführt ihn und tötet ihn später (§ 212). § 223 tritt zurück.	🔍 Nachdem A die gestohlene Sache genutzt hat (§ 242), verbrennt er sie (§ 303 I); § 303 I tritt zurück.

Rechtliche Bewältigung offener Sachverhalte

- Offener Sachverhalt ➲ Nach Ausschöpfung aller Erkenntnisquellen (Sachverhaltsauslegung/lebensnahe Sachverhaltsergänzung/Beweiswürdigung) bleiben mehrere Sachverhaltsvarianten möglich.

- Zur rechtlichen Bewältigung ist jede der möglichen Tatsachenvarianten als wahr zu unterstellen und unter den fraglichen Tatbestand oder das fragliche Tatbestandsmerkmal zu subsumieren. Die rechtlichen Lösungen sind dann miteinander zu vergleichen. Ergibt dieser Vergleich …

… bei einer Sachverhaltsvariante Straflosigkeit oder geringere Strafbarkeit,	… bei allen Sachverhaltsvarianten identische Strafbarkeit,	… Strafbarkeit aus verschiedenen Strafvorschriften, die aber rechtsethisch und psychologisch vergleichbar sind, ⌕ § 242 und § 259
ist von der für den Täter günstigsten auszugehen.	erfolgt ein eindeutiger Schuldspruch, wobei offengelassen wird, welche Variante tatsächlich vorgelegen hat.	erfolgt alternativer Schuldspruch „entweder" aus dem einen Straftatbestand „oder" aus dem anderen Straftatbestand.
In dubio pro reo (Zweifelssatz)	Unechte/gleichartige Wahlfeststellung (Tatsachenalternativität)	Echte/ungleichartige Wahlfeststellung

Straffreiheit durch mehrfache Anwendung des Zweifelssatzes

Wenn keine Vergleichbarkeit ⌕ § 242 und § 253

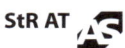

Notizen